한국의 고택기행 2

시간이 멈춘 우리의 전통마을, 슬로시티를 가다

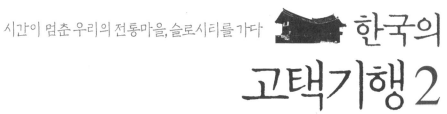

한국의
고택기행 2

|이진경 지음|

이가서
Leegaseo publishing

'고택'이라 함은 예전에 지어 오래된 집을 뜻하는 古宅과
살아가던 중 한때 살았던 옛집을 일컫는 故宅이 있습니다.
古宅이나 故宅이나 이미 세월을 이고 선 집인 것은 분명한 것 같습니다.

오랜 세월이 흘러 우리 곁에서 옛 모습을 간직한 채 당당히 서서 역사를
대변해주는 고택은 조선말에서 내한민국의 근·현대사까지 100여 년 동안
잦은 상흔으로 많이 소실되고 사라졌습니다. 그래도 그 과정을 고스란히
견뎌낸 몇몇 고택이 지금까지 버티고 있어 관련 책도 발행되고, 더러는 향
수를 달래주는 쉼터가 되기도 하고, 미처 깨닫지 못한 조상의 지혜를 체험
하고 체득하는 장이 되기도 합니다.

이러한 고택을 지키며 살아가는 한 사람으로서 고택에 관심을 가지고 지
켜보며 느껴주는 저자 이진경 같은 분들이 점점 더 많아지고 있는 현실이
한편으로 고맙고 기쁘기도 합니다.

언제부터인가 '빨리빨리'가 대한민국을 대표하는 문화가 되어버렸지만 그
래서 얻는 것과 잃어버리는 것이 극명한 대비가 됩니다. 그러한 '빨리빨리'를
대표하는 것이 바로 시멘트 문화 입니다. 시멘트 문화를 바탕으로 편의성 위

주의 건축물들이 우후죽순 들어서고 있지만 조금씩 손보며 몇백 년을 유지하는 지금의 고택들과는 너무도 큰 차이가 있습니다. 과연 지금 이 시기 몇백 년 후에 고택이라 불릴 건축물이 지어지고 있는지…. 30년만 넘으면 재건축이다 뭐다 해서 헐어야 하는 현실을 볼 때 지금 짓고 있는 건축물들이 100년 후에도 남아 있을 것인지에 대해서 많은 생각을 하게 됩니다.

고택(古宅)은 옛집이라는 뜻입니다.

그러나 우리 조상들의 전통문화가 계승되고 소중한 정신적 · 물질적 유산이 고스란히 담겨 있는 특별한 장소로서 옛집 그 이상의 의미를 지닙니다. 아울러 전통시대의 가치관과 생활방식을 배울 수 있는 교육의 장으로서 오늘날 체험학습이 이루어지고 있는 곳이기도 합니다.

현재 몇몇 고려 시대 건축물을 제외한, 남아 있는 대부분 전통가옥은 조선 시대, 또는 그 이후에 축조된 것으로 조선 시대 양반 가문의 주거형태를 잘 보존하고 있고 대부분 주거공간으로 사용되고 있으며 남녀노소 다양한 연령층으로부터 지역문화와 전통문화를 배우고 체험할 수 공간으로 사랑받고 있습니다.

한옥의 살림집은 구들을 이용한 온돌방과 대청마루가 한 건물 내에 있는 점이 대표적인 특징입니다. 구들은 추운 북쪽 지방에서 움집 바닥에 구들장 밑으로 불길이 통하는 방고래를 설치해 난방하면서 생겼습니다. 반면 마루는 덥고 습기가 많은 남쪽 지방에서 여름철에 시원함을 즐길 수 있는 공간으로 활용되었지요. 이처럼 우리의 전통가옥은 북방문화와 남방문화의 장점만을 취한, 조상들의 지혜와 슬기가 그 속에 고스란히 녹아 있는 건축물이라 할 수 있습니다.

고택은 분류상 민속자료에 속하는 문화재로 조상들이 남긴 매우 소중한 삶의 지혜와 살아온 역사를 보여주는 귀중한 유산입니다. 또한 한국인의 마음의 고향과 같은, 포근함을 지니고 있는 곳입니다. 시각을 외부로 돌려본다면, 전통가옥은 우리가 세계에 내놓는 우리의 얼굴 중의 하나이기도 합니다. 그만큼 소중하며 또한 그런 의미에서 잘 지키고 가꾸어 후손에게 길이 불려주어야 할 문화자신인 것이지요.

이처럼 조상들이 남겨놓은 유형·무형의 유산이 함축되어 있는 고택을 어느 한 개인이, 또는 어느 문중이 지키는 문화유산이라 생각한다면 이는 잘못된 일일 것입니다. 우리 모두가 역사를 올바로 이해하고 지킨다는 사명감으로 우리의 고택들을 바라봐야 할 것입니다.

《한국의 고택기행》은 이러한 문화유산을 우리 모두가 향유할 수 있게 해주는 책이라 할 수 있겠습니다. 아울러 2편은 물론 3편, 4편으로 계속 이어질 것으로 믿습니다.

고택을 지키는 이로서 작가와 출판사의 노고에 진심으로 감사를 드립니다.

논산 명재 고택 지킴이 **윤완식**

머리말

시간이 멈춰버린 듯

세월의 흔적이 고스란히 남아 있는 고택은

우리 진통문화를 지켜온 소중한 문화유산이자,

수백 년 동안 지속되어온 선조의 삶의 터전이다.

마당에 서 있는 나무 한 그루 풀 한 포기조차 사연이 있고,

숱한 세월을 거치면서도 굳건하게 지켜낸 정신과 지혜를 담고 있다.

종부에서 종부로 대를 이어 살아온 그들만의 삶과

긴 세월 그 자리를 지키며 서 있는 집은

마치 처음부터 그렇게 있었던 것처럼

어딘가 모르게 서로 닮았다.

고택은 문화재로서 바라보기보다는

안으로 들어갔을 때 그 진가를 더욱 발휘한다.

서로 존경하고 배려하는 공간이 곳곳에 숨어 있고,

자연과 어우러진 집은 사계절 내내 다른 풍경을 선사해 준다.

최근 들어 우리 전통문화에 대한 관심이 높아지면서

많은 사람이 고택을 다시 찾고 있다.
마당에 뛰어노는 아이들,
대청마루에 둘러앉아 두런두런 나누는 이야기 소리에
어머니 품속 같은 푸근한 집으로 되살아나고 있다.

2년 전,
《한국의 고택기행》을 냈을 때
고택과 처음 마주했던 그 순간처럼 설렘과 떨림이 지금도 생생한데
1권에 이어 2권이 나오게 되었다.

필자는 우리 건축이나 전통문화에 대한 전문 지식이 없어
고택을 이해하는 데 어려움도 많았다.
하지만 그곳에서 태어나고 자라온 분들,
소중한 추억을 간직한 분들의 많은 도움이 있어 여기까지 올 수 있었고
지금까지 조상 대대로 물려준 유산을 묵묵히 지키는 모습에
존경심이 든다.

고택에 대한 안목을 키워준
강릉 선교장 이강백 관장님을 비롯한
(사)한국고택문화재소유자협의회 회원님,
그리고 소중한 시간을 내어 집안의 내력과 건물을 일일이
설명해 주고 안내해 주신

고택 소유자분들과 사랑하는 가족들에게 다시 한 번 감사드린다.

누군가 말하지 않았던가, 아는 만큼 보인다고.
이 책이 고택을 방문하는 분들에게
집을 돌아보고 이해하는 데 작은 지침서가 되었으면 한다.

내정마루에 걸터앉아
하루하루 느린 행복으로 살고 있는 그들만의 여유도 느껴보시길.

2015년 여름
이진경

차 례

마당 셋 사랑과 꿈, 이야기가 있는 곳

마당 넷 시간이 멈춘 우리 전통 마을

마당 하나

고고한 자존감, 선비의 가슴

경주 독락당

(慶州 獨樂堂)

獨 樂

離群誰與共吟壇	벗마저 떠났으니 누구와 함께 읊으리오
巖鳥溪魚慣我顔	산새와 물고기 내 얼굴 반겨주네
欲識箇中奇絶處	그 중에 가장 빼어난 곳 어디에서 찾을 건가
子規聲裏月窺山	두견새 울어대고 밝은 달 솟아오르네

– 회재 선생의 林居十五詠 중 其十二 –

영남 성리학의 선구자

조선 중기 성리학자 회재 이언적(晦齋 李彦迪, 1491~1553)은 성균관 유생인 여주이씨(驪州李氏) 이번(李蕃)과 경주손씨(慶州孫氏)의 아들로 외가인 경주 양동마을에서 태어났다. 천품이 뛰어나고 포부가 원대했던 회재 선생은 10세에 아버지를 여의고 어머니 손에 자랐으며 외삼촌 우재 손중돈(愚齋 孫仲暾, 1464~1529)의 학문과 사상에 많은 영향을 받았다. 23세에 생원시에 합격하고 이듬해 문과 별시에 급제하여 관직에 발을 들여놓은 선생은 홍문관, 춘추관, 시강원, 양사, 이조, 병조 등 청요직을 거치며 사환과 출세에 안주하지 않고, 국가 민생을 염려하는 경세가로, 또 이단을 배척하고 성리학의 이론적 탐구에 힘쓰는 유학자로서의 본분을 지켜나갔다. 하지만 평소 예의염치(禮義廉恥)를 숭상하는 선비정신에 투철하고 불의에 맞서 직언을 서슴지 않았던 선생은 1531년(중종 26)에 김안로(金安老, 1481~1537)의 등용을 반대하다가 파직되어 경주의 자옥산으로 들어와 독락당을 짓고 학문에 정진하였다. 김안로의 패망으로 다시 관직으로 돌아온 회재 선생은 군주의 권위를 회복하고 조정의 기강을 바로 세우며, 민생을 구하려는 우국애민의 충정으로 그 유명한 '一綱十目

疏(일강십목소)'를 올려 왕도정치의 기본 이념을 제시하였다. 사림의 영수로 신망을 받으며 1545년 의정부 좌찬성에 발탁되지만 즉위한 지 8개월 만에 인종이 승하하고 명종이 즉위하자 선생은 다시 한 번 시련을 맞이 하였다. 왕실의 두 외척인 대윤과 소윤 사이의 치열한 권력투쟁인 을사 사화(乙巳士禍, 1545)가 일어나자 선생은 사림의 화를 줄이고자 고군분투하 다 1547년(명종 2) 윤원형(尹元衡) 일파가 조작한 양재역벽서사건(良才驛壁書事件) 에 연루되어 평안도 강계(江界)로 유배되고, 그곳에서 향년 63세(1553년)로 일생을 마쳤다. 유배지에서도 시련을 극복하고 학문에 정진하며 《구인 록(求仁錄)》《대학장구보유(大學章句補遺)》《중용구경연의(中庸九經衍義)》《봉선잡 의(奉先雜儀)》 등 유학사에 빛나는 수많은 저서를 남긴 선생은 훗날 이황(李 滉)에게로 계승되는 영남학파 성리학의 선구가 되었다. 조선 시대 도학 의 학문과 실천에 모범이 된 회재 선생은 세상을 떠난 지 13년 만에 사 림의 신원운동으로 복작(復爵) 되었고, 2년 후에는 영의정에 추증되었다. 1610년(광해군 2)에는 동방오현으로 문묘에 종사되었다. 그 아버지에 그 아 들이라고 했던가. 회재 선생의 강계 유배지엔 서자 잠계 이전인(潛溪 李全 人, 1516~1568)이 아버지를 보필하며 늘 함께 있었다. 추운 겨울 아버지 시 신을 대나무 상여에 싣고 와 고향땅에 묻어드리고, 아버지 학문을 세상 에 전하는 데 큰 역할을 하였다.

자옥산 골짜기를 흘러내리는 자계천 줄기에 자리 잡은 경주 독락당(慶 州 獨樂堂, 보물 제413호, 경북 경주시 안강읍 옥산서원길 300-3)은 41세의 혈기왕성했던 회 재 선생이 파직되어 잠시 은둔하며 자연을 벗 삼아 학문을 탐구하던 곳

행랑채인 경청재 넓은 앞마당

이다. 주변 경관이 수려해 학문하기에 더없이 좋은 곳이었을 터. 회재 선생의 발자취를 따라 그곳으로 들어간다. 사랑채인 옥산정사(玉山精舍) 독락당을 중심으로 안채 역락재(亦樂齋), 행랑채인 경청재(敬淸齋), 솔거노비들이 거주하며 주인을 뒷바라지하던 별채 공수간, 사당, 어서각, 정자인 계정(溪亭)이 있고, 각 건물들은 담장을 둘러 폐쇄적이긴 하지만 독립적인 공간을 확보하고 있다.

솟을대문을 들어서면 행랑채인 경청재 앞에 넓은 앞마당이 펼쳐져 있고, 오른쪽 담장너머로 공수간이 보인다. 1601년에 지은 경청재는 회재 선생의 손자와 증손이 옥산별업(玉山別業)을 봉수하기 위해 세웠다. 'ㅡ'자 형 7칸 규모의 행랑채는 중문, 온돌방, 부엌과 안채로 들어가는 협문이 있다. 행랑채와 연결된 중문을 들어서면 왼쪽에 안채로 들어가는 문, 앞쪽은 막혀 있는 담과 사랑채로 들어가는 출입문이, 오른쪽으로는 골 목처럼 만들어진 담장 사이로 샛길이 나 있다. 휘어진 향나무를 그대로 둔 채 와편으로 쌓은 담장이 이색적이다. 이 샛길 끝나는 곳에 바로 자 계천이 흐르고 있다.

행랑채 뒤 작은 안마당을 사이에 둔 안채

행랑채 뒤 작은 안마당을 사이에 두고 안채로 들어가는 중문이 있다. 역락재 안채는 1515년에 건립되었다고 한다. 경주지방 상류주택의 유형을 따른 안채는 넓은 안마당을 사이에 두고 'ㅁ'자형을 이루고 있다. 정면 7칸인 안채는 좌우로 날개채가 연결되어 있으며 대청을 중심으로 안방과 건넌방을 두었다. 안방과 연결된 왼쪽 날개채는 비교적 큰 부엌을, 오른쪽 날개채는 사랑채와 통하는 문간과 도장방을 두었다. 반질반질 윤이 나는 장독대를 사이에 두고 맞은편에 안사랑격인 역락재가 자리 잡고 있다.

다음은 사랑채로 들어선다. 오래된 향나무가 사랑채를 호위하듯 늠름하게 서 있다. 1516년(중종 11)에 지은 옥산정사 독락당은 여느 집 사랑채와는 다르게 기단도 낮고, 대청도 낮고, 집의 높이 또한 낮게 설계하였

다. 정면 4칸, 측면 2칸의 '一'자형 사랑채는 계곡을 향한 오른쪽은 팔작
지붕으로, 안채와 연결된 왼쪽은 우진각지붕으로 지었다. 오른쪽 3칸은
넓은 마루인데 앞을 모두 터놓았으며, 왼쪽 1칸을 막아 온돌방을 만들
었다. 독락당과 계곡 사이는 담장으로 외부 시선을 차단해 놓았지만 담
장 한 부분에 살창을 대어 만든 창을 달아 이곳을 통해서 계곡에 흐르
는 물을 바라볼 수 있게끔 했다. 자연과 하나가 되고픈 회재 선생의 마
음이 담긴 것 아닐까. 독락당 오른쪽 담장을 돌아 일각문을 지나면 계
정이 숨어 있다. 계정은 절반은 집 안쪽에, 절반은 숲 속에 있는 것처
럼 너럭바위가 펼쳐진 아름다운 계곡과 숲을 바라보며 자리 잡고 있다.
마당과 거의 수평인 기단 위에 자리 잡은 'ㄱ'자형인 계정은 계곡을 향
한 곳에 2칸 마루와 방 1칸이 있고, 방이 있는 쪽에 옆으로 2칸을 더 달
아낸 '양진암(養眞菴)'이 연결되어 있다. 하지만 계곡 쪽에서 바라보면 마

사랑채 옥산정사. 독락당

치 이층 루와 같은 모습으로 자연과 하나가 된 듯 암반 위에 기둥을 세운 계정이 당당한 모습으로 서 있다. 이곳에 오르면 세상의 모든 근심은 다 달아날 듯 아름다운 풍광이 펼쳐진다.

지난 2010년 경주 양동마을과 함께 유네스코 세계유산으로 지정된 독락당에는 여강이씨 옥산파 17세손 이해철 선생과 김춘란 여사 부부가 살고 있다. 어디를 가든 늘 함께 다니시는 금슬 좋은 잉꼬부부다. 운명에 이끌리 듯 결혼을 하셨다는 두 분의 환한 모습이 곧 독락당의 모습 같아 마음이 훈훈해져 온다.

주변 고택

- **경주 김호장군 고택**(慶州 金虎將軍 古宅) : 중요민속문화재 제34호, 경북 경주
  시 식혜골길 35
- **경주 교동 최씨 고택**(慶州 校洞 崔氏 古宅) : 중요민속문화재 제27호, 경북 경주
  시 교촌안길 25

📷 **주변 명소**

신라 천년의 숨결이 오롯이 남아있는 경주. 수학여행, 신혼여행, 가족여행 저마다 가슴에 추억을 하나씩 안고 또 다시 찾게 된다. 발길 닿은 곳마다 문화유산으로 가득한 경주는 세계적인 문화관광도시로 거듭나면서 여행코스도 다양하다.

- **경주 양동마을**(慶州 良洞마을, 중요민속문화재 제189호, 경북 경주시 강동면 양동마을길 134) : 우리 나라 최대 규모의 조선 시대 동성마을인 경주 양동마을은 월성손씨(月城孫氏)와 여강이씨(驪江李氏) 두 가문이 500년 넘게 전통문화를 이어온 마을이다. 남자가 혼인을 하면 처가 동네에 가서 사는 풍습이 있던 시기 양민공 손소(襄敏公 孫昭, 1433~1484)가 처가 동네에서 살면서부터 마을이 이루어졌고, 손소에 이어 그의 사위가 된 찬성공 이번(贊成公 李蕃, 1463~1500)도 양동마을 처가로 장가를 와 그의 후손이 번성하면서 손 씨와 이 씨 집성촌인 씨족마을로 형성되었다. 양동마을은 1984년 마을 전체가 국가지정문화재로 지정되었고 2010년에는 안동 하회마을과 함께 유네스코 세계유산으로 등재되었으며 마을 안에는 국보인 통감속편(通鑑續編, 국보 제283

호)을 비롯해 보물 4점, 중요민속문화재 12점 등 수많은 문화재가 있다.

- **경주 옥산서원**(慶州 玉山書院, 사적 제154호, 경북 경주시 안강읍 옥산서원길 216-27) 경주 옥산서원은 성리학자인 회재 이언적(晦齋 李彦迪, 1491~1553)의 덕행과 학문을 기리고 후진을 양성하기 위해 1572년(선조 5)에 경주부윤 이제민이 세운 서원이다.

- **경주 계림**(慶州 鷄林, 사적 제19호, 경북 경주시 구화산길 329) 경주 계림은 경주김씨(慶州金氏) 시조인 김알지가 태어난 곳이라는 전설을 간직하고 있는 신성한 숲으로 신라 천년의 세월을 넘어 지금까지 많은 사람들의 사랑을 받고 있다. 동양에서 가장 오래된 천문대인 경주 첨성대(慶州 瞻星臺, 국보 제31호)와 신라 궁궐의 도성인 경주 월성(慶州 月城, 사적 제16호) 사이에 위치한 이 숲은 다른 숲과는 달리 평평한 지형에 자리 잡고 있다. 이 숲의 면적은 약 7,300㎡로, 물푸레나무, 왕버들, 느티나무 등 고목들이 하늘을 가릴 듯 울창하게 우거져 있으며 한 가운데로 작은 개천이 돌아 흐른다. 계림 숲 경내에는 비가 있는데 이 비는 1803년(순조 3)에 세워진 것으로 김알지 탄생에 관한 기록이 새겨져 있다.

경주 계림

경주 양동마을

경주 옥산서원

군포 동래정씨 동래군파 종택

(軍浦 東來鄭氏 東來君派 宗宅)

모든 재산을 문화유산국민신탁에 기증

<u>항상 베풀고</u> 살라는 선조의 정신을 이어받아 종택과 땅을 사회에 기부한 후손들, 그들이 살고 있는 군포 동래정씨 동래군파 종택(軍浦 東來鄭氏 東來君派 宗宅, 경기도 문화재자료 제95호, 경기도 군포시 속달로 110번길 20–11)을 찾아간다.

경기도 군포 수리산 자락, 갈치저수지를 지나 오른쪽 언덕 위에 정승만 17명을 배출한 500년 명문가의 역사를 간직한 종택이 고즈넉하게 자리 잡고 있다. 동래정씨 동래군파 시조인 정광보(鄭光輔, 1457~1524)가 속달마을에 들어와 이곳에 터를 잡고 살기 시작하였다. 정광보는 허백당 정란종(虛白堂 鄭蘭宗, 1433~1489)의 첫째아들이다. 정란종은 1456년(세조 2)에 과거에 급제한 후 여러 관직을 거쳤으며, 1467년에는 황해도 관찰사로 있으면서 이시애의 난을 평정하는 데 공을 세워 호조참판에 올랐다. 사신으로 여러 차례 명나라에 다녀오기도 했던 그는 훈구파의 중진인사로 성리학에 밝았으며, 특히 서예에 일가견이 있었고 글씨도 잘 썼다. 정광보는 진사시를 합격한 후 여러 관직을 거쳐 사헌부 장령에 올랐고,

연산군에게 직간을 해 유배되기도 했다. 중종 때 다시 기용되어 창원부
사를 지냈고, 사후에 이조판서에 추증되었다.

　동래정씨 동래군파 종택은 1783년(정조 7)에 지은 안채와 고종 때인
1877년에 지은 사랑채를 비롯해 작은사랑채, 문간채, 사당 등이 남아있
으며 조선 중기의 실용적인 한옥의 모습을 그대로 간직하고 있어 건축
문화적인 가치가 높다. 그리고 마을 뒷산 정란종 선생묘 및 신도비 외
묘역일원(鄭蘭宗 先生墓 및 神道碑 外 墓域一圓, 경기도 기념물 제115호)에는 정란종 선생과
그의 두 아들 광보, 광필의 묘지가 있다.

넓은 사랑마당을 두고 당당하게 자리 잡은 사랑채는 정면 5칸, 측면 2칸의 '一'자형 건물로 전후에 툇칸을 두고 왼쪽부터 작은사랑방, 큰사랑방, 마루방, 행사청으로 이루어져 있다. 독특한 평면구성을 한 사랑채는 왼쪽 첫째칸을 반 칸을 앞으로 내밀어 1칸 크기의 누마루를 두고, 문간채와 연결된 안쪽에 아궁이를 설치했다. 2칸 규모의 큰사랑방은 뒷면에 툇마루가 있어 누마루 뒤의 다락과 연결이 되어 있고, 마루방은 마루복노가 있어 뒤쪽에서 안채로 쉽게 드나들 수가 있도록 하였다. '행사청'이라 부르는 오른쪽 방은 앞쪽에는 문만 있고 뒤쪽에 툇마루가 나 있어 안마당 쪽을 향하도록 구성되어 있는 점이 매우 특이하다.

공부방으로 사용했다는 작은사랑채는 '一'자형 3칸 건물로 위치와 규모 면에서 독특하다. 사랑채와 작은사랑채 가운데 안채로 들어가는 협

넓은 사랑마당을 둔 사랑채

문을 사이에 두고 직각으로 배치를 했으며 지형적인 특성상 사랑채보다 조금 더 높은 곳에 자리를 잡고 있다.

사랑채 왼쪽으로 난 문간채를 통해 안채로 들어선다. 문간채는 정면 3칸, 측면 1칸으로 대문과 창고가 있었지만 후에 오른쪽으로 5칸을 더 지었다. 그래서인지 안채가 폐쇄적이라 외부에서는 잘 드러나 보이지 않는다. 정면 4칸의 'ㄱ'자형 안채는 가운데 대청, 그 오른쪽에 안방을 배치하고 끝으로 툇마루를 두었다.

대청을 사이에 두고 연결된 날개채에 2칸 규모의 부엌이 있다.

안채 뒤에 자리한 1칸 규모의 사당은 한국전쟁 때 소실되어 새로 복

원한 건물인데 제 모습을 잃은 듯 왠지 모르게 동떨어진 느낌이 들었다. 사랑채 앞 너른 사랑마당 건너편에 연못이 있는데 그 연못 앞쪽에 원래 솟을대문이 있는 행랑채가 있었다고 한다.

갈치호수를 끼고 아늑하게 자리 잡은 속달마을은 군포시 재개발 계획에 편입되어 동래정씨 종래군파 종택의 주변까지 재개발 위기에 몰렸었다. 하지만 종손과 가족들은 조상 대대로 농사를 지으며 살아온 땅

이 사라지면 종택이 지니고 있는 역사도 함께 사라진다는 판단을 내리고 토지 보상금을 포기하고 중대한 결심을 했다. 지난 2011년 동래정씨 17대 종손을 비롯한 그 가족들은 몇 년 전 돌아가신 아버지의 뜻을 받들고 9남매의 합의 하에 500년 된 가문의 종택, 주변의 대지와 전답 1만 8천㎡ 모두를 문화유산국민신탁에 기증을 하게 되었다. 후손들은 종택과 땅이 그대로 보존되면서 역사와 농촌 문화가 함께 어우러진 공간으로 거듭나길 바라고 있다.

현재 500년 이상을 한곳에 뿌리를 내리고 살고 있는 동래정씨 동래군파 종택에는 17대 후손 형제가 생활하고 있다. 20년 전 서울생활을 정리하고 이곳에서 농업과 생명이 살아 숨 쉬는 친환경 농촌 공동체를 살리기 위해 힘쓰고 있는 동생인 정용수 선생을 만났다. 도시농부답게 깔끔한 정 선생은 종택의 행랑채에 사무실을 꾸미고, ㈜전국귀농운동본부 상임대표이자 자립하는 소농학교 교장을 맡고 계신다. 동래정씨 가문과 종택에 대한 자세한 설명과 함께 농사가 모든 것의 근본이 되어야 함을 거듭 강조하시는 정용수 선생의 모습에서 힘이 느껴진다.

📷 주변 명소

경기도 군포는 제1호 대한민국 책의 도시로 선정된 것을 계기로 '책 · 철쭉 행복 청렴도시 군포'를 지향하고 있다. 산지가 토지의 50%가 넘어 안양천 지류 주변에 오래 전부터 농업이 발달했으나 1990년대에 대단위 아파트 단지가 들어오면서 택지가 개발되고 공업지역으로 바뀌었다.

• **덕고개 당숲**(경기 군포시 속달동) 덕고개 당숲은 50여 미터 짧은 숲길로 수령 300년 정도의 나무 50여 그루가 당당히 세월을 지켜내고 있고, 숲 안쪽에 당집이 자리 잡고 있다. 이곳은 17세기말 효종의 넷째 공주인 숙정공주와 동평위 정재륜의 쌍묘가 만들어지면서 숲이 조성됐다. 특히 덕고개 당숲은 규모는 작지만 역사적, 민속적 의미 때문에 군포 8경 중 하나로 손꼽히고 산림청과 생명의 숲 국민운동, 유한킴벌리가 주최한 제3회 아름다운 숲 전국대회에서 '보존해야 할 숲' 부문 우수상으로 선정되기도 했다.

군포 덕고개 당숲

• **군포 수리사**(修理寺, 전통사찰 제 86호, 경기 군포시 속달로 347-181) 수리산 남서쪽 중턱에 고즈넉히 자리 잡은 수리사는 신라 진흥왕 때 창건한 천년고찰이다. 누가 창건했는지는 알 수 없지만 어느 왕손이 이 절에서 기도하던 중 부처님을 친견했다고 하여 산 이름을 불견산(佛見山)이라고도 했고, 1940년대에 절 이름을 따서 수리산으로 바꾸었다. 전성기에는 대웅전 외에 36동의 건물과 12개의 부속암자가 있는 대찰이었으나, 임진왜란 때 전소되었고 곽재우 장군이 말년에 입산하여 중창하고 수도한 곳이다.

• **군포 반월호수**(경기 군포시 둔대동) 농업용수 공급을 위해 1957년에 준공된 군포 반월호수는 대야동의 안쪽에 아늑하게 자리 잡고 있다. 호수 건너편 자그마한 산등성이가 일 년 내내 물그림자를 만들어 주고, 해질녘이면 주홍빛 낙조가 번지는 조용한 호수로 주변에 산책로를 비롯해 전망데크, 관찰데크, 벤치 등이 마련되어 있어 주말나들이 장소로 제격이다.

군포 수리사

군포 반월호수

봉화 충재 종가

(奉化 沖齋 宗家)

500년 종가의 명맥을 이어온

<u>봉화 문수산</u> 줄기가 남서쪽으로 뻗어 내리고, 낙동강 상류 내성천 지류가 합류하는 곳에 자리 잡은 달실마을은 금계포란(金鷄抱卵) 지형의 명당으로 조선 시대부터 삼남지방의 4대 길지로 손꼽히던 곳이다. 이 마을은 안동권씨(安東權氏) 충재(冲齋) 권벌(權橃 1478~1548) 선생이 자리를 잡은 후 지금까지 그 후손들이 집성촌을 이루며 살고 있다. 충재 선생은 권사빈(權士彬)과 파평윤씨(坡平尹氏) 사이 차남으로 태어나 어릴 때부터 주위 사람들을 놀라게 할 정도로 명석했다. 30세에 문과에 급제하여 예조참판(禮曹參判)까지 올랐으나 기묘사화(己卯士禍, 1519년(중종 14), 조광조의 혁신 정책에 불만을 품은 남곤·심정 등의 훈구파 재상들이 위훈 삭제 사건을 계기로 조광조 등 신진사류들을 숙청한 사건)로 파직당해 어머니 묘소가 있는 유곡리 달실마을로 내려와 15년간 은거를 했다.

500년 전통을 간직하고 있는 봉화 충재 종가(奉化 沖齋 宗家, 경북 봉화군 봉화읍 충재길 60)와 청암정(靑巖亭, 석천계곡과 함께 명승 제60호로 지정)을 찾아간다. 조선 사대부가의 전형적인 모습을 갖추고 있는 충재 종가는 마을 안쪽에 자리 잡

고 있다. 반듯하게 쌓은 돌담을 두른 종가는 솟을대문, 사랑채, 안채, 사당채로 구성되어 있고, 담장 너머로 서재인 충재와 청암정이 있다.

먼저 솟을대문 앞에 선다. '월문(月門)'으로도 불리는 솟을대문은 상하 인방이 반달처럼 휘어져 있다. 대문채 양쪽에는 각각 방 1칸과 곳간을 배치했다. 대문을 들어서면 넓은 사랑마당이 펼쳐져 있다. 안채와 사랑채가 조금은 폐쇄적인 'ㅁ'자 형태로 구성된 종가는 전면에 사랑채를, 후면에 안채를 배치했다. 안채로 들어가는 중문은 시야를 고려한 듯 사랑채 측면에서 1칸 정도 뒤로 물려서 설치를 했고, 중문과 연결해서 오른쪽에 안사랑을 두었다. 정면 4칸, 측면 2칸의 '一'자형 사랑채는 잘 다듬은 장대석 위에 사대부의 권위가 서린 듯 당당한 모습으로 서 있다. 전면에 툇마루를 오른쪽에는 대청을, 왼쪽에는 방을 배치했다. 중문을 통해 안채로 들어서면 안마당을 사이에 두고 'ㄷ'자형의 안채가 단아하게 자리 잡고 있다. 대청을 중심으로 오른쪽은 안방을, 왼쪽은 건넌방을 배치했으며 안방과 연결된 날개채 쪽에 부엌을 두었다. 사랑채 왼쪽 언덕 위에는 500년 동안 충재 선생의 불천위 제례(不遷位 祭禮)를 모시는 사당이 신문과 내삼문으로 겹겹이 싸여 있다.

넓은 사당마당으로 지나면 담장 너머로 빼어난 아름다움으로 손꼽히는 청암정과 서재인 충재(冲齋)가 고즈넉하게 앉아 있다. 자신의 뜻을 실현하지 못한 충재 선생의 마음이 서려있는 듯 이곳으로 통하는 모든 문은 안에서

청암정과 충재

열고 닫을 수 있도록 장치했다. 청암정은 충재 선생이 기묘사화로 파직되어 이곳에 머물 당시 큰아들 청암 권동보(靑巖 權東輔, 1517~1594)와 함께 지었다. 이 정자는 거북모양의 너럭바위 위에 사방이 시원스레 확 뚫린 6칸 규모의 넓은 대청과 2칸 마루방으로 구성되어 있고, 마루방 바깥쪽 3면은 난간을 두른 마루를 두었다. '丁'자형의 이 정자는 처음 지었을 때는 마루방 대신 구들이 깔린 온돌방이었고 연못도 없었다고 한다. 하루는 온돌에 불을 지피자 바위에서 기이한 울음소리가 들렸다. 이곳을 지나던 노승이 이 모습을 보고 거북의 등에 불을 지피면 거북이 괴로워할 것이라고 해 온돌을 들어내고 마루를 깔고 주변에 연못을 만들었더니 신기하게도 그 소리가 그쳤다고 한다. 연못 위에 띠 있는 정자, 돌다리를 건너 청암정으로 오르면 주변의 울창한 수목과 어우러져 사계절 내내 그림 같은 아름다운 풍경을 선사한다. 이곳은 수많은 선비들이 다녀간 듯 남명 조식이 쓴 '靑巖亭(청암정)'

종가의 사랑채

현판, 미수 허목이 쓴 '靑巖水石(청암수석)' 현판, 퇴계 이황이 청암정의 아름다운 모습을 감탄하며 쓴 시 '靑巖亭題永詩(청암정제영시)' 등 그들의 흔적이 남아있다. 지금도 그 명성이 자자해 누구나 화면을 통해 한번쯤은 봤을 터. '동이' '스캔들' '바람의 화원' 등을 이곳에서 촬영하기도 했다. 청암정 맞은편에는 충재 선생이 학문을 익히던 서재가 있다. 맞배지붕의 3칸 반 규모의 아담하고 소박한 이 건물은 왼쪽부터 마루, 방, 부엌을 배치했으며, 특히 마루는 청암정을 바라볼 수 있는 쪽에 문을 달아 그 운치를 더했다.

　청암정 바로 옆에 충재 선생의 발자취와 안동권씨 가문의 역사를 한 눈에 볼 수 있는 충재박물관이 있다. 전시공간과 수장고를 갖추고 있는 이 박물

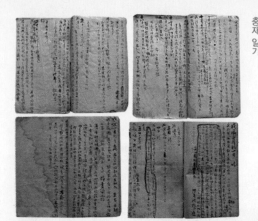

충재일기

봉화 달실마을 제례체험

관은 2007년 개관했다. 이곳에는 《충재일기》(보물 제261호), 《근사록》(보물 제262호) 등을 비롯해 종가에서 소장해 온 482점의 보물과 후손들이 기증해 준 유물까지 총 10,000여점이 있다.

500년 종가의 명맥을 이어온 이곳에 18대손 권종목(1943년생) 선생과 차종손 권용철 부부가 살고 있다. 권용철 선생의 설명을 들으며 종가 이곳저곳

을 돌아보았다. 몇 십년 전만해도 대가족이 모여 살고, 일손이 넉넉해서 종
손과 종부가 가문의 전통을 지키며 봉제례와 접빈객을 맞이하는 것을 미덕
으로 여겼지만 최근에는 연간 십만명 이상이 찾아오는 관광명소로 변해 방
문객을 관리하는 것만으로도 너무 힘이 든다고 한다. 그래서 올해부터는
단순한 휴식공간이 아니라 문화유산의 진정한 가치를 아는 방문객을 위해
유료로 운영하기로 결정했다. 앞으로 우리 전통문화와 조상의 얼을 느낄
수 있는 다양한 프로그램도 좀 더 개발해 품격 높은 곳이 되도록 노력할 예
정이라고 한다. 차종손으로서 종가문화를 지키려는 진정성 어린 결심이 전
해져 온다.

🏛 주변 고택

- **거촌리 쌍벽당**(居村里 雙碧堂) : 중요민속문화재 제170호, 경북 봉화군 봉화 읍 거수1길 17
- **가평리 계서당**(佳坪里 溪西堂) : 중요민속문화재 제171호, 경북 봉화군 물야 면 계서당길 24

📷 주변 명소

　우리나라 오지 중의 오지로 손꼽히는 경북 봉화. 최근 기차여행이 각 광을 받으면서 자동차로 접근하기 힘든 간이역들이 기차여행의 새로운 명소로 거듭나고 있다.

- **봉화 달실마을**(닭실마을, 경북 봉화군 봉화읍 충재길 44) 달실마을은 충재 권벌의 후 손, 안동권씨 충정공파 집성촌으로 500년 가까운 역사가 녹아있는 전 통마을이다. 이 마을은 금계포란형(金鷄抱卵形, 금닭이 알을 품은 지형)으로 마을 뒤에는 나지막한 산이 마을을 안에서 감싸고, 앞으로는 외세의 풍파를 막아주는 낮은 산이 밖에서 감싸고 있다. 500년 전통을 그대로 이어받아 전승되는 달실 전통한과 는 수작업으로 정성들여 만들기 때문에 명절에는 그 수요를 감당하지 못할 정도로 인기가 있고, 녹 색농촌체험마을로도 지정되어 고택체험은 물론 선비체험, 한과체험 등을 할 수 있다

달실마을 전경

- **봉화 분천역과 승부역** 분천역은 지난 12월 한국·스

위스 수교 50주년을 맞이하여 스위스 체르마트역과 자매결연을 맺고 산타마을로 새롭게 단장을 했다. 눈과 산타를 테마로 낭만적인 기차역으로 변신한 분천역에는 눈썰매장, 희망의 드림열차를 비롯해 산타카페, 농특산물판매장, 먹거리장터 등이 마련되어 있다. 승부역은 '하늘도 세 평, 꽃밭도 세 평'이라는 역사(驛舍) 앞 비석에 새긴 글귀처럼 사방이 높은 산에 둘러싸여 있다. 이곳은 기차가 아니면 접근하기조차 힘든 곳으로 이 일대 3개 마을 주민들은 주로 기차를 통행수단으로 이용한다.

• **봉화 축서사**(奉化 鷲棲寺, 경북 봉화군 물야면 월계길 739) 봉화 문수산(文殊山) 중턱, 해발 800m 고지에 자리 잡은 봉화 축서사는 673년(문무왕 13)에 의상 대사가 창건한 천년고찰이다. 1768년(영조 44)에 조성된 축서사 괘불탱(鷲棲寺 掛佛幀, 보물 제1379호), 봉화 축서사 석조비로자나불좌상 및 목조광배(奉化 鷲棲寺 石造毘盧遮那佛坐像 및 木造光背, 보물 제995호), 고불당 앞의 석탑 등 귀중한 문화재가 있다.

봉화 분천역

봉화 승부역

봉화 축서사

부안 김상만 가옥

(扶安 金相万 家屋)

公先私後	민족의 이익을 위해 자신을 희생하라
信義一貫	믿음을 갖되 끝까지 유지하라
獨立自彊	위기에 처한 민족이 스스로 강해져야 한다
澹泊明志	욕심 없이 맑고 밝은 뜻을 가져라

– 인촌 선생의 좌우명 –

인촌 김성수 선생이 어린 시절을 보낸 집
일민 김상만 선생이 태어난 집

　　인촌 김성수(仁村 金性洙, 1891~1955)는 전북 고창군 부안면 인촌리에서 울산김씨(蔚山金氏) 김인후(金麟厚, 1510~1560)의 13대손으로 아버지 김경중(金曔中)과 어머니 장흥고씨(長興高氏)의 넷째 아들로 태어났다. 하지만 세 살 때 아들이 없던 큰아버지인 기중(棋中)의 양자가 되었다. 어린 시절부터《명심보감》을 비롯해《소학》《공자》등 한학을 배우고 성리학을 익혔으며, 풍족한 가정환경에서 자랐지만 근검과 절약을 몸에 익히며 사치를 모르고 성장했다.

　　1903년 13세가 되던 해 전남 담양군 창평에 창흥의숙(昌興義塾)을 설립한 고정주(高鼎柱)의 딸과 결혼해 창흥의숙에서 신학문을 접하게 된 인촌 선생은 새로운 학문을 배워야 할 필요성을 절실하게 느끼게 되었고, 선진사상과 선진기술을 배워 동포에 전수시키고 민족의 실력을 배양시켜 조국의 자주독립을 이룩해야 한다는 신념하에 동경유학을 결심했다. 1914년 일본 와세다대학에서 공부를 마치고 귀국한 인촌 선생은 집안의 자금을 받아 민족의 교육계몽을 위해 1915년 유학시절 만난 동창들과 함께 사립학교인 백산학교(白山學校) 설립을 추진했으나 실패하고 재정에

어려움을 겪고 있는 중앙고등보통학교를 인수해 학교장을 지냈다. 뿐만 아니라 민족산업을 일으키기 위해 1919년 경성방직주식회사(京城紡織株式會 社)도 설립했다. 1920년에는 그동안 일본계 언론의 활동과 기자들의 출입을 보고 국내 언론의 필요성을 인식하고 '동아일보'를 설립했으며, 농촌계몽운동과 물산장려운동, 국산품애용운동 등 민족계몽운동을 벌였다. 1932년에는 자금난에 빠져있던 보성전문학교를 인수했다. 인촌 선생은 해방이후인 1947년에는 반탁독립투쟁위원회의 부위원장으로 신탁통치반대운동을 펼쳤으며, 민주국민당이 창당되자 그 최고위원이 되었다. 이후 1951년 대한민국의 제2대 부통령 자리에까지 오른 분으로 19세기 말 한민족의 격동기에 태어나 일제강점기, 해방, 한국전쟁, 정치적 격변기, 경제 근대화의 시대를 살아오면서 우리나라 교육, 언론, 산업, 정치의 근대화에 큰 족적을 남기신 분이다.

전북 부안군 줄포면 줄포리에서 태어난 인촌 선생의 장남 일민 김상만(一民 金相万, 1910~1994)은 일본과 영국에서 유학하고 1949년 동아일보에 들어가 동아일보와 함께 그 일생을 보낸 천부적인 언론인이다. 또한 동아일보 대표이사 사장과 회장을 역임하면서 동아방송을 건립하고 한국 언론의 국제적 위상을 높였다. 일민 선생은 평생 부친의 좌우명인 공선사후(公先私後) 신의일관(信義一貫)의 신조를 몸소 가꾸고 실천하며 부친의 혼과 열정이 깃든 동아일보를 한국의 대표신문으로 키웠고, 고려대학교를 한국의 대표하는 민족사학으로 우뚝 서게 했으며, 돌아가실 때까지 언론 자유 수호와 문화 발전에 헌신을 다했다.

사랑채 전경

부안 김상만 가옥(扶安 金相万 家屋, 중요민속문화재 제150호, 전북 부안군 줄포면 교하길 8)
은 인촌 선생이 소년 시절을 보낸 집이자, 일민 선생이 태어난 집이다.
1895년에 안채와 바깥사랑채, 문간채를 지었고, 1903년에 안사랑채와
곳간채를 추가로 지었다.

문간채

살짝 휘어진 소나무 뒤로 문간채가 있다. 문간채를 들어서면 바깥사랑
채와 중문채가 넓은 사랑마당을 사이에 두고 나란히 자리 잡고 있으며,
담장너머로 안사랑채가 있다.

바깥사랑채는 정면 4칸, 측면 2칸 '一'자형 건물로 왼쪽부터 대청과
사랑방, 부엌으로 구성되어 있다. 안사랑채는 인촌 선생이 기거하던 곳
으로 정면 3칸, 측면 3칸으로 이뤄져 있다. 안사랑채 오른쪽 방문 위에
는 '인촌 선생께서 단식하시던 방'이란 푯말이 붙어있는데 이곳에서 인
촌 선생은 교육사업 자금 마련을 위해 단식하던 방이다.

중문채를 통해 안채영역으로 들어서면 인촌 선생과 미산 선생의 동상
이 가장 먼저 눈에 들어온다. 안채영역은 안채와 중문채, 곳간채가 'ㄷ'

자형으로 안마당을 형성하고 있다. 안채는 정면 6칸, 측면 2칸 '一'자형
건물로 왼쪽부터 방, 대청, 부엌으로 이뤄져 있다.

　중문채는 정면 6칸, 측면 1칸으로 왼쪽부터 화장실과 중문, 방, 대청으로 구성되어 있다.

1984년에 중건한 문간채는 정면 5칸, 측면 1칸 건물로 대문을 중심으로 왼쪽은 방과 대장간을 두었고, 오른쪽에는 방이 있다.

김상만 가옥은 현재 초가로 지붕을 잇고 있지만 원래 볏짚보다 수명이 길고 이 지방에서 흔히 구할 수 있었던 억새로 지붕을 이었다. 남부 지방의 보편적인 '一'사형 십으로 각 건물마다 전면에 반 칸씩 퇴를 두고 마루를 깔아 다른 공간으로 이동하기 편리하게 지었으며, 방 옆에는 물건을 저장할 수 있는 다양한 수장공간을 마련해 놓았다. 김상만 가옥을 한 바퀴 돌아보면 초가지만 기와집 형태를 띠고 있음을 알 수 있다. 그 당시 넉넉한 부를 누렸지만 초가집으로 검소하게 지은 일가의 품격이 전해져 온다.

📷 주변 명소

전북 부안은 천혜의 자연환경과 풍부한 지역특산물, 우수한 문화유산이 넘쳐나는 곳이다. 세계 최장의 새만금 방조제를 비롯해 청정 갯벌이 넓게 펼쳐져 있고, 최근에는 해안길을 따라 변산 마실길도 개통했다. 변산반도를 따라 도는 바닷길. 굽이굽이 고개를 돌때마다 나타나는 작은 포구와 절벽이 확 트인 바다와 어우러져 있다.

• **부안 채석강**(扶安 彩石江, 명승 제13호, 전북 부안군 변산면 격포리) 부안군 변산반도 서쪽, 격포항의 닭이봉 밑에 1억년도 더 된 퇴적층이 절벽을 이루며 1.5km 정도 뻗어 있는 부안 채석강은 당나라 시인 이태백이 배를 타고 술을 마시다가 강물에 뜬 달을 잡으려다 빠져죽은 채석강과 흡사하여 지어진 이름이다. 채석강은 바닷물에 침식된 퇴적암 층이 수만 권의 책이 쌓인 것 같은 모습을 하고 있다. 오랜 세월 침식과 풍화작용으로 생긴 암반 위로 포말을 일으키며 하얗게 부서지는 파도, 아름다운 채석강의 낙조를 보기위해 사계절 내내 수많은 사람들이 찾고 있다.

부안 채석강

● 부안 내소사(扶安 來蘇寺, 전북기념물 제78호, 전북 부안군 진서면 석포리 내소사로 243) 능가산의 수려한 봉우리가 병풍처럼 펼쳐진 산자락 아래 고풍스러운 모습으로 자리 잡은 부안 내소사는 633년(무왕 34) 혜구두타(惠丘頭陀)가 대소래사와 소소래사라는 두 절을 세웠는데 대소래사는 불타 없어지고 소소래사만 남아 현재의 내소사로 불리게 되었다. 그 뒤 1633년(인조 11)에 청민이 대웅보전을 지어 중건했다. 꽃문살이 화려한 부안 내소사 대웅보전(扶安 來蘇寺 大雄寶殿, 보물 제291호), 부안 내소사 동종(扶安 來蘇寺 銅鍾, 보물 제277호)을 비롯해 설선당, 보종각, 부안군 벽산면의 실상사터에서 옮겨 세운 연래루 등이 남아 있다.

● 새만금방조제(전북 부안군 변산면 새만금로 6) 33.9km, 전북 군산과 부안을 잇는 세계 최장 새만금방조제는 하늘 아래 가장 긴 아름다운 바다 위의 길이다. 1991년 11월 부안군 변산면 대항리에서 시작한 새만금지구 간척개발사업은 가력도, 신시도, 아미도, 비응도, 대초도까지 연결돼 33.9km의 방조제와 내부 토지 283㎢, 호수 118㎢ 등 총 401㎢로 서울시 면적의 3분의 2에 이르는 국토가 생겨났다. 새만금홍보관, 친환경생태공원과 가력휴게소, 가력배수갑문 등 주변을 조망할 수 있는 쉼터가 곳곳에 마련되어 있다.

부안 내소사

새만금방조제

안동 간재 종택

(安東 簡齋 宗宅)

一堂幽寂小溪灣　그윽하고 고요한 당에 작은 시내 굽이졌으니
始覺人生老去閒　비로소 인생이 노년에 들어 한적함을 알겠네.
閒處自然隨事簡　한적한 곳에 저절로 그리되어 일마다 간단하니
終朝無語對靑山　아침 내내 말없이 푸른 산을 대한다네.

- 간재 선생 -

재물은 쓰면 다함이 있지만
충효는 향유해도 끝이 없다

왜적도 감동한 '하늘이 내린 효자' 간재 변중일(簡齋 邊中一, 1575~1660)은 아버지 원주변씨(原州邊氏) 변경장(邊慶長)과 어머니 동래정씨(東萊鄭氏) 아들로 태어났다. 조부 변영청(邊永淸)은 퇴계 선생의 문인으로 사헌부 집의(司憲府 執義)를 거쳐 남원부사 대구부사 상의원정 등을 역임했다. 이러한 가문에서 태어난 간재 선생은 어려서부터 사람들의 글 읽는 소리를 듣고 외울 정도로 총명하였고, 7세에 글공부를 시작할 때는 어버이를 섬기는 가장 도움이 되는 것이 무엇인지 물어보고 《효경(孝經)》을 가장 먼저 익힐 정도로 효심이 지극했다. 간재 선생은 효도뿐만 아니라 1597년(선조 30) 가을 정유재란이 일어나자 바로 화왕산성 망우당 곽재우(忘憂堂 郭再祐, 1552~1617) 장군 진영으로 찾아가 힘을 합쳐 적을 물리치기로 맹세하고 전란이 그칠 때까지 몸을 아끼지 않고 죽기를 다해 싸워서 왜병을 물리쳤다. 신념을 굽히지 않고 스스로 정한 법도 안에서 한결같이 걸어가는 삶을 살다간 간재 선생은 '효도와 충성' 모두에서 후세에 길이 남을 귀감이 되었으며, 항상 경(敬)을 가슴에 품고 진솔하고 바른 간(簡)의 길을 걸어가신 분이다.

간재 선생이 태어난 안동 서후면 금계리, '금제(琴堤)' 또는 검제(黔堤)마을로 알려진 곳에 있는 원주변씨 간재 종택 및 간재정 (原州邊氏 簡齋 宗宅 및 簡齋亭, 경북 민속문화재 제131호, 경북 안동시 서후면 풍산태사로 2720-30)으로 간다. 정확한 건축 시기는 알 수 없으나 16~17세기에 걸쳐 창건되고 중수되었다.

검제마을은 원주변씨 변광(邊廣)이 당시 금계리에 살고 있던 권철경(權哲經)의 사위가 되면서부터 원주변씨 집성촌을 이루게 되었고, 지금도 이곳에는 30가구 90여명의 집안사람들이 모여 살고 있다. 간재 종택은 도로에서도 잘 보인다. 농로를 따라 홍살문을 통과하면 뒷산 소나무 숲이 병풍처럼 골짜기를 이룬 호젓하고 전망 좋은 곳에 종택과 사당, 간재정이 자연지형에 순응하며 자리를 잡고 있다.

'ㅁ'자형 정침은 앞쪽으로 사랑채와 중문간채가 있고 그 뒤편에 안채와 좌우익사가 안마당을 둘러싸고 있다. 사랑채는 막돌허튼층쌓기 기단 위에 정면 4칸, 측면 1칸 반으로 앞쪽에 난간을 둘러놓은 누마루와 사랑방, 사랑마루로 구성되어 있다. 사랑채 정면에 보이는 기둥은 모두 원기둥이고 누마루 아래로 연결되는 기둥은 팔각형으로 다듬은 기둥을 썼다. 이처럼 기둥의 모양새를 달리 한 것은 '천원지방(天圓地方)'이라는 동양의 우주관에 따른 조형원리를 건물조형에 이입시켰기 때문이다.

안채는 '一'자형으로 정면 3칸, 측면 2칸의 넓은 안대청을 중심으로 좌측에 안방, 우측에 상방을 두었다. 안채와 연결된 좌익사는 부엌과 고방을, 우익사는 부엌과 사랑마루와 연결되는 책방을 배치했다.

사랑채 앞에 있는 별당인 무민당(無憫堂)은 정면 3칸, 측면 1칸의 규모

좌 ― 간재정

우 ― 사랑채 현판 충효고가

로 좌로부터 온돌방과 마루로 되어 있다. 무민당 주련은 간재 선생이
쓴 싯구와 집안의 가훈으로 삼은 《명심보감(明心寶鑑)》 중 경행록(景行錄)의
한 구절을 써서 걸어 놓았다.

寶貨用之有盡 재물은 쓰면 다함이 있지만
忠孝享之無窮 충효는 향유해도 끝이 없다

간재 선생이 만년에 고향 집의 동쪽 언덕 위에 학문에 정진하기 위해
지은 정자, '간재(簡齋)'로 오른다. 오후 햇살을 받은 정자는 선생의 성품

을 닮은 듯 담백하면서도 대쪽 같은 선비의 기개가 느껴진다. 정면 3칸, 측면 1칸 반 '一'자형으로 지은 정자는 1칸짜리 마루를 중심으로 양쪽에 온돌방을 하나씩 배치했다. 간재 선생이 지은 '간재기(簡齋記)'에는 "나는 재주가 모자라고 뜻도 게을러 큰일을 경영해 백성에게 혜택을 주지도

못하고, 왜적이 침입해 나라가 상처투성이가 되었지만 몸을 바쳐 수치
와 분통을 씻지도 못했으니 내가 장차 세상에 무슨 뜻이 있겠는가. 그
래서 자취를 거두어 몸을 숨기고 그 뜻을 담아 이 서재의 이름을 지었
다"라는 간재정을 지은 연유를 써 놓았다.

간재 선생의 11대 종손 변성렬(邊聖烈, 1960년생) 선생의 목소리가 저 아
래서 들린다. 직장 때문에 대구와 종택을 오가며 생활하고 있어 피곤
할 법도 한데 항상 열정이 넘치는 모습이다. 필자는 선생보다 조금 먼
저 도착해 종택 이곳저곳을 다니며 사진을 찍고 있던 터. 선생의 설명
을 들으며 다시 한 번 둘러봤다. 집안 곳곳에 간재 선생의 꼿꼿한 선비
의 삶이 고스란히 묻어있다. 한창 공사 중인 정자, 비록 미완성이지만
한 번 올라보라며 저만치 성큼성큼 오른다. 검제마을이 한 눈에 내려다

보인다. 연지에 연꽃까지 핀다면 시 한 수, 노래 한 자락은 저절로 나올 듯싶다. 선생은 많은 사람들이 이곳을 찾아왔으면 좋겠다고 하신다. 우리 고택이 문화유산으로 보존되는 것도 중요하지만 이렇게 많은 사람들과 함께 나눌 수 있는 공간으로 변해가고 있음이, 우리 전통문화를 체험할 수 있는 공간으로 거듭나고 있음이 좋다.

🏛 주변 고택

● **안동 하회 충효당**(安東 河回 忠孝堂): 보물 제414호, 경북 안동시 풍천면 종가

길 69

● **의성김씨 학봉 종택**(義城金氏 鶴峰 宗宅) : 경북기념물 제112호, 경북 안동시 서

후면 풍산태사로 2830-6

📷 주변 명소

● **예천 용문사**(醴泉 龍門寺, 경북 예천군 용문면 용문사길 285-30) 소백산 기슭에 자리 잡은

예천 용문사는 870년(신라 경문왕 10) 두운(杜雲) 선사가 세웠다고 전해지는

천년고찰로 선사가 용문산 어귀에 이르렀을 때 바위 위에서 용이 영접

했다고 해서 '용문사'라 이름을 지었다고 한다. 예천 용문사 윤장대(醴泉

龍門寺 輪藏臺, 보물 제684호), 예천 용문사 목조아미타여래삼존좌상 (醴泉 龍門寺 木

造阿彌陀如來三尊坐像, 보물 제989호) 대장전(大藏殿, 보물 제145호), 용문사 교지(龍門寺 교지,

보물 제729호), 자운루(慈雲樓, 유형문화재 제476호)가 있으며, 그밖에 현존하는 당우

로 진영각(眞影閣), 명부전(冥府殿), 응진전(應

眞殿), 회전문(迴轉門), 범종루, 강원, 천불

전(千佛殿), 일주문, 요사채, 두운암(杜雲庵)

과 1984년 화재로 모두 불탔다가 복원

된 보광명전(普光明殿), 응향각(凝香閣), 단하

각, 해운루 등이 있다.

예천 용문사

• **예천 천향리 석송령**(醴泉 泉香里 石松靈, 천연기념물 제294호, 경북 예천군 감천면 천향리 804) 예천 석평마을 마을회관 앞에 있는 예천 천향리 석송령은 수령이 600년 정도로 추정된다. 높이 11m, 둘레 3.67m로 밑동에서부터 여러 갈래로 갈라져서 자라 전체적으로 우산모양을 하고 있다. 석송령은 약 600년 전 풍기지방에서 시작된 홍수에 떠내려 오는 것을 지나가던 사람이 건져내어 심은 것이라 전해지고 있으며, 특이하게도 세금을 내고 있는 소나무이다.

• **하회세계탈박물관**(경북 안동시 풍천면 전서로 206) 1995년에 문을 연 하회세계탈박물관은 안동 하회마을에서 전승되어 오는 하회별신굿 탈놀이에 사용되는 탈뿐만이 아니라 국내외 여러 가지 탈을 수집 전시해 놓았다. 제1전시실은 한국관, 제2·3전시실은 아시아관, 제4전시실은 세계관으로 다양한 탈이 전시되어 있어 그들의 문화를 이해하는 데 많은 도움을 준다.

예천 석송령

하회 세계탈박물관

의성 만취당

(義城 晩翠堂)

이끼 낀 오솔길이 홍진(紅塵)에 막혔으니 후미진 곳 차마(車馬) 어이 오랴마는

집이 가난하다고 앵화(鶯花)야 싫어하랴.

산을 보고 앉았으니 어깨는 서늘하고 높은 베개 잠이 드니 푸른빛이 낮을 덮네.

만년송(萬年松) 그늘 속에 한가로운 몸이라 아름다운 사계절 풍경 홀로 기뻐하리.

그윽한 흥을 찾아 날로 기분 새로워라.

– 초야에 묻혀 살아가는 선비 정신의 청정함을 노래한 송은 선생의 '萬年松' –

40여 명의 과거급제와
뛰어난 학자를 배출

<u>의성 사촌</u>(沙村)마을은 고려 후기 충렬공(忠烈公) 김방경(金方慶, 1212~1300)의 6세손인 김자첨(金子瞻) 공이 1392년 안동 회곡(檜谷)에서 이곳으로 입향하면서 중국의 사진촌(沙眞村)을 본 따 '사촌(沙村)'이라 하였다. 그 후 1750년 무렵 병촌 류태춘(屛村 柳泰春)이 이곳에 이주하여 수백 년 동안 안동김씨(安東金氏)와 풍산유씨(豊山柳氏) 등이 세거한 마을로, 만취당 김사원(晩翠堂 金士元, 1539~1601)과 서애 유성룡(西厓 柳成龍, 1542~1607) 등 40여 명의 과거 급제자와 뛰어난 학자를 배출하여 지난 600년간 의성 북부지역의 대표적인 반촌마을로 명성이 높다. 이 마을은 '와해(瓦海)'라고 불릴 정도로 기와집이 많았으나 일제강점기와 한국전쟁을 지나면서 대부분 소실되었다.

만취당 선생은 연산군 때 이름난 선비 송은 김광수(松隱 金光粹, 1468~1563)의 증손으로, 아버지는 김세우(金世佑)이고 어머니는 의성김씨(義城金氏) 김만겸(金萬謙)의 딸이다. 선생은 어려서부터 천성이 착하고 부모를 정성으로 섬겼으며, 이웃에 가난한 사람이 있는 것을 보면 반드시 부모에게

청하여 있는 힘을 다하여 도와주었다. 20살이 넘어 퇴계 이황(退溪 李滉, 1501~1570)의 문하로 들어간 선생은 과거공부의 뜻을 버리고 위기지학(爲己 之學)에 전력하면서 의문이 생기면 묻고 얻음이 있으면 이를 명신하여 잊지 않았다. 임진왜란 시에는 향인(鄕人)들에 의해 의성 정제장(整齊將)으로 추대되어 의병대장 김해(金垓)를 도우면서 활약하였다. 전란 후에는 기근이 겹치자 집안의 재물을 내어 음식과 곡식을 제공함으로써 가난한 사람들을 무상(無償)으로 구제하였는데 이 지방 사람들은 이를 '김씨의창(金氏義倉)'으로 부르며 선생을 칭송했다. 어떤 사람이 전답이나 노비문서를 가지고 와서 사례를 하려고 하면 선생은 웃으면서 "그대들이 스스로 먹고 살지 못하니 내 마음이 애처로워서 도와준 것뿐인데 어찌 그 보답을 바라겠는가"라며 모든 사람들에게 예를 갖추고 노소를 막론하고 모두 존경하였다고 한다.

의성 만취당(義城 晩翠堂, 보물 제1825호, 경북 의성군 점곡면 만취당길 17)은 부호군을 지낸 만취당 선생이 학문을 닦고 후진을 양성하기 위해 건립했다. 1582

년(선조 15)부터 3년간에 걸쳐 완성하였으며 자신의 호를 따서 '만취당'이
라 당호를 붙였다. 그 후 1711년(숙종 32)에 부분적인 보수가 있었고, 1727
년(영조 3)에는 동쪽 방(복제―復齊)을 1764(영조 40)에는 서쪽 방을 증축함으로써
지금의 모습을 갖추게 되었다. 현재 만취당은 세월의 흔적을 느끼게 하
는 뼈대만 드러낸 채 대대적인 보수가 진행 중이다.

안동 봉정사 극락전(安東 鳳停寺 極樂殿, 국보 제15호), 영수 부석사 무량수전(榮州
浮石寺 無量壽殿, 국보 제18호)과 함께 가장 오래된 사가(私家) 목조건물로 손꼽히는
만취당은 임진왜란 이전에 건립된 것과 이후의 중수, 증축된 연대가 확
실하며, 이러한 변화과정이 건축기법에서 나타나고 있다. 특히 도리(서

까래를 받치는 부재)와 대량(大樑, 대들보)의 구조결구법(構造結構法), 종대공(宗臺工, 종도리를 받치는 부재)과 종량받침의 치목수법, 평고대(平交臺, 처마 곡선의 긴 부재)와 연함(連含, 기와 받침 부재)의 단일부재 수법 등 초창 당시의 건축수법으로 볼 수 있는 여러 가지 기법이 잘 보존되어 있다. 만취당은 사랑채 격이지만 본채에서 떨어져 있어서 정자 같은 느낌을 준다. 만취당은 정면 3칸, 측면 2

안대청에서 바라본 전경

칸의 대청에 복재 1칸과 서소익실 2칸이 누각 뒤쪽에 동·서로 각각 붙는 'T'자형 건물로 내부는 우물마루와 온돌방으로 꾸며져 있다. 기둥머리는 초익공이 짜여진 5량가구(五樑架構)에 팔작지붕이며, 양쪽 익사(翼舍)는 맞배지붕을 이루고 있다. 현판은 만취당 선생과 동문인 명필가 석봉 한

호(石峯 韓濩, 1543∼1605)가 썼다. 신기하게도 천장 한쪽에 사찰의 내부에 있는 닫집처럼 단청을 해 놓은 곳이 있다. 의문을 가져보지만 아쉽게도 명확한 설명을 들을 수가 없었다.

종택의 본채 건물은 선생이 만취당을 짓기 전 1576년(선조 9)에 60여 칸을 창건하였으나 후손들이 중수하면서 그 규모가 반으로 줄었다. 명성황후 시해 사건 후 의성에서도 병신의병(1896)이 일어나자 일본군이 마을

을 불태웠는데 이때 소실되어 5칸 반 겹집으로 중건하였다. 하지만 또다시 한국전쟁을 겪으면서 일부가 허물어져 보수가 어렵게 되자 철거하고 정침 5칸 겹집과 서편에 익랑 2칸으로 고쳐 짓고, 사랑채 3칸 반 겹집의 익랑과 대문채 3칸을 신축하였다. 그 후 문중에서는 종택의 옛 모습을 갖추고자 1980년대에 만취당과 종택 앞에 있던 개인 주택을 매입해 철거하고 주변 정비 작업을 진행했으며 만취당 남쪽 우물을 정비하고 담장 앞에는 잔디밭을 조성하였다.

'만취당(晩翠堂)', 자신의 뜻을 굽히지 않고 꿋꿋하게 살아가는 선비의 지조를 상징하는 푸르른 소나무의 기상을 품고 있다. 당당하게 제 모습을 드러내는 날 다시 한 번 찾아오리라.

🏛 주변 고택

- **의성 소우당**(義城 素于堂) : 중요민속문화재 제237호, 경북 의성군 금성면
  산운마을길 55
- **의성 운곡당**(義城 雲谷堂) : 경북문화재자료 제165호, 경북 의성군 금성면
  산운마을길 61

📷 주변 명소

　경북 의성은 '의성 마늘'로 널리 알려져 있지만 마늘 못지않게 여기 저기 숨은 볼거리가 가득하다. 이미 2천년 전 고대국가 조문국이 존재했던 오랜 역사와 금봉자연휴양림과 빙계계곡 등 아름다운 풍광이 남아 있고, 한반도 최초 사화산인 금성산에서 게르마늄 온천수가 흐르는 휴양지이기도 하다.

- **의성 산운**(山雲) **마을**(경북 의성군 금성면 산운마을길 일원) : 조선 명종 때 강원도 관찰
  사를 지낸 학동 이광준(鶴洞 李光俊, 1531~1609)
  이 이곳에 입향하면서 영천이씨(永川李氏)
  의 집성촌이 된 전통마을로, 40여 채의
  고택을 통해 조선 사대부 반촌의 모습
  을 살펴볼 수 있다.

의성 산운마을

• **의성 고운사**(義城 孤雲寺, 경북 의성군 단촌면 고운사길 415) 등운산(해발 524m) 자락에 자리
잡은 대한불교 조계종 16교구 본사인 고운사는 681년(신라 신문왕 1) 의상조
사(義湘祖師)가 처음 설립해 '고운사(高雲寺)'라 했다. 신라 말 고운 최치원(孤
雲 崔致遠, 857~ ?)이 가운루(駕雲樓, 경북유형문화재 제151호)와 우화루(羽化樓)를 건립해
그의 호를 따서 고운사(孤雲寺)라 개칭하였다고 한다. 경내에는 고운사
석조석가여래좌상(孤雲寺 石造釋迦如來坐像, 보물 제246호), 왕실의 계보를 적은 어
첩을 보관하던 유교 전각인 연수전(延壽殿, 경북문화재자료 제444호)을 비롯해 약
사전, 나한전 등 많은 전각들이 있다.

• **의성 조문국사적지**(경북 의성군 금성면 초전1길 83) 금성면 대리리, 학미리, 탑리리
일대에 위치한 조문국사적지는 2천여 년 전 삼한 시대 부족국가 조문
국이 존재했던 흔적이 고스란히 남아 있는 곳이다. 조문국은 현재 경
북 의성군 금성면 일대를 도읍지로 하여 존속하다가 185년(신라 벌휴왕 2)
에 신라에 병합되었다고 전한다. 근처에 2013년 설립한 의성조문국박
물관은 조문국 및 의성 지역의 역사와 유물들을 체계적으로 조사, 수
집, 전시, 보존하고 있다.

의성 고운사

조문국사적지

마당 둘

민족애와 나라에 대한 우국충절

논산 백일헌 종택

(論山 白日軒 宗宅)

大風起天中　큰 바람은 하늘 가운데서 일어나고

落葉滿空山　낙엽이 빈산에 가득하다

月如將率星　달은 마치 장군 같아 별을 통솔하는 듯하고

星如兵衛月　별은 마치 병사가 달을 호위하는 것 같구나

－ 이삼 장군이 12세에 쓴 시 －

이인좌 난을 평정하는 데
공을 세워

　　<u>백일헌 이삼</u>(白日軒 李森, 1677~1735)은 충남 논산시 상월면 주 곡마을에 입향하여 세거의 터전을 마련한 아버지 함평이씨(咸平李氏) 이사 길(李師吉, 1639~1703)과 어머니 남양전씨(南陽田氏) 사이에 태어났다. 어린 시절 부터 총명했던 이삼 장군은 12세가 되던 해 당대에 유명한 학자였던 명 재 윤증(明齋 尹拯, 1629~1714) 문하에서 수학했다. 28세가 되던 1705년(숙종 31) 에 무과에 장원급제해 1713년 정주목사로 임명된 뒤 30여 년 간 숙종(肅 宗), 경종(景宗), 영조(英祖) 세 임금을 모시면서 문무 고위관직을 두루 역임 했다. 임금에 대한 충성심과 장수로서의 기품을 간직한 이삼 장군은 당 대의 최고의 명장이자 군사지략과 무예·군법·군제에도 조예가 깊었 고, 군선과 무기 제작에도 뛰어난 기술을 가지고 있었다. 특히 1728년 (영조 4)에 훈련대장(訓練大將)이 되어 이인좌(李麟佐, ?~1728)의 난(亂)을 평정하는 데 공을 세워 2등공신이 되고 함은군(咸恩君)에 봉해졌다.

　　논산시 상월면 주곡마을은 윗뜸·아래뜸·망가리에 청양양씨, 함평 이씨, 전주이씨가 입향해 오백년 전부터 함께 살고 있는 전통마을로 예

전에는 연산, 노성, 신도안으로 가는 길이 서로 교차해 사람들이 많이 왕래하고 주막이 있어서 '술골(酒谷)'이라 불렸다.

주곡마을 초입에 위치한 논산 백일헌 종택(論山 白日軒 宗宅, 중요민속문화재 제273호, 논산시 상월면 주곡길 37)은 이인좌의 난을 평정하는 데 큰 공을 세워 영조가 내린 하사금으로 지은 집으로 1700년대 초 창건 당시의 원형이 비교적 잘 남아 있다. 조선 시대 상류주택의 구성 요소인 안채와 사랑채가 'ㅁ' 자형을 이루고, 사당과 문간채 등 경사진 지형을 최대한 이용하여 자연환경과 조화롭게 지어졌다. 특히 일반적인 상류주택 배치와 다르게 각 건물들이 방향을 달리하며 담장으로 연결되어 있어 매우 역동적이고 자유스럽다.

좌ㅣ안채대청
우ㅣ사랑채

한 계단 한 계단, 백일헌 종택 솟을대문으로 들어선다. 자연스레 수령이 오래되어 보이는 은행나무에 눈길이 간다. 이삼 장군이 생전에 말고삐를 매어두었던 나무라서 그럴까. 고택은 전체적으로 보면 'ㅁ'자형, 한 쪽이 짧은 'ㄇ'자형 안채, 'ㄴ'자형 바깥사랑채, 작은사랑채, 광채 등 4채가 결합되어진 형태이다.

안채로 들어가는 중문을 둔 'ㄴ'자형 바깥사랑채는 막돌허튼층쌓기로 쌓은 높은 기단 위에 당당한 모습으로 서 있다. 정면 3칸, 측면 2칸으로 큰사랑방과 누마루, 중문간을 배치했으며 큰사랑방 앞까지 2단으로 툇마루가 연결되어 있어 마을 전경을 한눈에 바라볼 수 있다. 중문 오른쪽에 위치한 'ㅡ'자형 작은사랑채는 정면 2칸, 측면 1칸으로 방 앞쪽에 툇마루를 두었다.

안채로 들어가는 중문, 일반적인 상류주택과는 다르게 솟을대문과 같은 선상에 중문을 두고 있어 안채로 출입이 매우 개방적이다. 한 쪽이 짧은 'ㄷ'자형 안채는 전면 3칸의 대청을 중심으로 왼쪽 5칸, 오른쪽 3칸을 두었다. 대청 앞에는 별도의 툇마루가 있고, 후원 쪽으로 난 문은 판문 대신 창호문이 달려 있다. 왼쪽은 안방과 웃방, 부엌을 배치했고, 오른쪽은 건넌방과 작은부엌을 두었다. 특히 며느리가 사용

하던 건넌방에는 전용 툇마루와 낮은 담장으로 두른 작은마당을 두었
는데 이는 다른 한옥에서는 찾아볼 수 없는 특이한 공간구성이다. 건
넌방 툇마루 끝에는 판문을 달아 후원으로 나갈 수 있게도 했다. 이는
외부 출입이 제한되었던 며느리를 위한 집안어른들의 특별한 배려가
아닐까 싶다.

안채 맞은편에 있는 광채는 사랑채보다는 낮게 지었으며 정면 4
칸, 측면 1칸으로 광과 문간으로 구성되어 있고, 사당은 이 고택에서
가장 높은 장소인 사랑채 오른쪽 언덕 위에 있고 별도의 담장이 둘러
져 있다.

백일헌 종택에는 고택이외에도 문화재로서 가치가 높은 공신의 책봉과 관련된 교서(敎書) 등 많은 고문서와 《백일헌유집(白日軒遺集)》 등 서적, 언월도(偃月刀), 철퇴(鐵槌), 영정(影幀), 은배(銀杯) 등 무관(武官)과 관련된 많은 유품들도 남아 있는데 일부 백제군사박물관에 전시도 하고 수장고에도 보관 중이다.

지금 종택은 함평이씨 함은군 종중의 11대 종손 이신행(李信行, 1959년생) 선생 부부가 쓸고 닦으며 집에 온기를 불어넣고 있다. 이신행 선생은 이곳에서 태어나 계속 살지는 않았지만 할머니와 생활했던 기억은 생생하다고 하신다. 그래서인지 종택을 돌보는 두 분의 손길이 자연스럽고 익숙해 보인다. 이신행 선생 부부는 종택으로 내려올 때마다 많은 사람

들에게 이삼 장군의 혼이 서린 고택을 알리고 우리 전통문화를 체험하는 공간으로 꾸미는 데 온 신경을 다 쏟고 계신다. 선생은 아직 공직생활을 하고 있어 이곳에서 생활하지는 못하지만 가능한 한 자주 내려오려고 노력하신다. 한 가지 더 바람이 있다면 그동안 지방문화재로 있을 때는 관리나 보수의 수준이 너무 미미해 많이 훼손된 상태로 방치되어 있었지만 국가문화재인 중요민속문화재로 지정됐으니 국가문화재에 걸맞게 원형을 지킬 수 있도록 복원을 하고 지속적인 보수·관리가 이뤄졌으면 좋겠다고 하신다. 그리고 선조가 물려주신 집을 자신들이 관리하는 것이 당연한 일이지만 국가나 지자체에서 지금까지 관심을 가지고 지켜봐주고 관리·보수해 준 것에 대한 감사함도 잊지 않으신다.

주변 고택

• **논산 명재 고택**(論山 明齋 古宅) : 중요민속문화재 제190호, 충남 논산시 노성면 노성산성길 50

• **윤황 선생 고택**(尹煌 先生 古宅) : 충남민속문화재 제8호, 충남 논산시 노성면 장마루로 716번길 132

📷 **주변 명소**

　대둔산괴 금강이 어우러져 들이 넓고 기름진 풍요로운 땅이자 계백 장군의 5,000 결사대가 김유신 장군의 50,000 군대에 맞섰던 백제의 최후의 격전지 '황산벌'이 바로 논산이다.

• **죽림서원**(竹林書院, 충남문화재자료 제75호, 충남 논산시 강경읍 금백로 20-8) 논산시 강경읍, 나지막한 동산을 배경으로 자리 잡은 죽림서원은 1626년(인조 4)에 지방의 유림들이 율곡 이이(栗谷 李珥, 1536~1584), 우계 성혼(牛溪 成渾, 1535~1598), 사계 김장생(沙溪 金長生, 1548~1631) 등 선현의 제사를 지내고 후학을 양성하기 위해 세운 서원이다. 죽림서원 뒤로 오르면 금강이 훤히 내려다보이는 언덕 위에 임리정(臨履亭, 충남유형문화재 제67호)이 있다

• **논산 개태사**(論山 開泰寺, 충남 논산시 연산면 계백로 2614-11) 계룡산의 최남단 자락 천호산(天護山)에 자리 잡은 논산 개태사는 태조 왕건이 황산벌에서 후백제를 정벌하고 후삼국 통일의 위업을 이룬 것을 기념해 세운 호국사찰이

다. 이곳에는 논산 개태사지 석조여래삼존입상(論山 開泰寺址 石造如來三尊立像, 보물 제219호)을 비롯해 개태사 철확(開泰寺 鐵鑊, 충남민속문화재 제1호) 등 귀중한 문화유산이 남아 있다.

• **탑정호**(塔亭湖) 논산시 부적면과 가야곡면, 양촌면 일원에 위치해 있는 탑정호는 대둔산의 물줄기를 담고 있는 호수로 논산의 넓은 평야에 농업용수를 제공하는 생명의 젖줄이다. 1944년에 준공된 탑정호는 최대 3천만 여 톤의 물을 담수할 수 있는 청정호수로 겨울철이면 고니, 원앙, 가창오리, 고방오리, 쇠오리 등 수만 마리의 철새가 찾아온다. 24km에 이르는 탑정호 청정호반길은 그야말로 낭만적인 드라이브코스다.

논산 죽림서원

논산 개태사

논산 탑정호

서산 김기현 가옥

(瑞山 金基顯 家屋)

大烹豆腐瓜薑菜　최고 좋은 반찬은 두부, 오이, 생강, 나물이요

高會夫妻兒女孫　가장 좋은 모임은 부부와 아들딸 손자의 모임이다.

– 추사 선생이 71세에 쓴 주련(柱聯) –

임꺽정을 토벌하고
난을 평정하다

서산과 해미를 이어주는 길목에 하천을 건너는 '한다리
(大橋)'가 있었던 음암면 한다리 마을은 남쪽 전방으로 대교천(大橋川)이 흐
르고 그 주변에는 넓은 농경지가 펼쳐져 있으며, 뒤편은 나지막한 야산
이 펼쳐져 있는 사람이 살기 편안한 곳이다.

한다리 마을은 고려 말 성리학자인 상촌 김자수(桑村 金自粹)의 5대손 김
연(金堧, 1494~ ?)과 그의 아들 김호윤(金好尹, 1534~ ?)이 터를 잡아 세거하면서
경주김씨(慶州金氏) 16대를 이어온 터전이다. 원래 이 집안은 경북 안동에
서 살았고 김연은 한양에서 살았다. 김연은 무과 급제 후 서흥부사가
되어 임꺽정(林巨正)을 토벌하고 안주목사를 지낸 인물로 난을 평정하고
얻은 사패지를 근거로 약 500년 전 이곳에 입향, 한다리 마을에 집성촌
을 이루고 살게 되었다. 경주김씨가 서산에서 대표적인 가문으로 성장
하게 된 것은 김연의 5대손 김적(金積, 1564~1646)부터였다. 그에게는 네 아
들이 있었는데 막내 김홍욱의 후손이 서산에서 한다리 김씨 가문을 부
흥시켰다. 김연의 7대손 김한구(金漢耉, 1723~1769)의 딸이 영조의 계비 정순

왕후(貞純王后, 1745~1805)로 책봉되어 정치에 직접 관여하고, 많은 영상과 정승을 배출함으로써 조선 최고의 명문가로 손꼽히게 되었다.

서산시 음암면 한다리 마을로 들어서면 정순왕후가 출생해 왕비가 되기 전까지 살았던 정순왕후 생가(貞順王后 生家, 충남 기념물 제68호)와 작은댁인 서산 김기현 가옥(瑞山 金基顯, 家屋, 중요민속문화재 제199호, 충남 서산시 음암면 한다리길 45)이 담하나를 사이에 두고 나란히 붙어 있다. 정순왕후 생가는 조선 효종 때 승지와 예조참의 등을 지낸 김홍욱이 효종과 친분이 있었는데, 그가 노부를 모시고 있음을 알고 아버지인 김적에게 왕이 내린 집으로 효종 시절인 1649~1659년 사이에 지은 것으로 추정하고 있다.

안채
전경

이번 방문은 서산 김기현 가옥이다. 김기현 가옥은 건축연대를 정확
히 알 수는 없지만 건립 당시의 모습을 잘 간직하고 있는 안채와 사랑
채의 건축양식으로 볼 때 19세기 중반에 지은 건물로 추정된다.

솟을대문을 들어서면 사랑채 후면이 바로 보이고 그 왼쪽으로 행랑채
를 배치했다. 오른쪽으로 중문간채와 초당을 동서로 나란히 배치하고
그 사이에 협문을 두었다. 사랑채 뒤편에 'ㅁ'자형 안채를 두어 외부공
간(남자들의 공간)과 안공간(아녀자를 위한 공간)을 협문과 담으로 엄격하게 구분해

놓았다.

사랑채는 안채 오른쪽 끝에 수직으로 연결된 정면 3칸, 측면 2칸의 '一'자형 건물로 대청마루가 없는 대신 크고 작은 방 2개를 배치하고 앞뒤로는 툇마루를 두었다. 특히 사랑채 전면에 일반 민가에서는 보기 드문 차양을 설치해 여름에는 뜨거운 햇빛과 비를 피하게 해주고, 겨울에는 따사로운 햇살이 들 수 있도록 적절히 조절하는 역할을 하도록 했다. 차양지붕은 사랑채 1칸 앞에 팔모기둥을 세우고 그 위에 옆에서 볼 때 '人'자 모양의 맞배지붕을 얹었다. 앞면은 부연을 단 겹처마로, 뒷면

에는 홑처마를 달아 앞쪽을 더 길게 처리했다.

사랑마당 정면에 있는 행랑채는 정면 7칸, 측면 1칸의 'ㅡ'자형 건물이다. 원래 이 건물은 가운데 곳간과 부엌을 두고 좌우로 방과 큰 곳간이 있었으나 현재 왼쪽 공간은 '기와박물관'을 만들어 개관을 앞두고 있다.

안채는 완벽한 'ㅁ'자형 구조로 배치했다. 몸채는 가운데 안대청과 안방을 중심으로 왼쪽에 6칸의 커다란 부엌을 두었고, 오른쪽에 건넌방을 배치하고 전면에는 반 칸 폭의 개방된 툇마루를 달았다. 특히 6칸 부엌은 과거와 현대가 공존하는 공간이다. 기존의 재래식 아궁이와 가마솥은 그

실용적으로 개조한 안채 부엌

대로 살려두고 생활하기 편리하도록 현대적인 공간으로 바꿔, 여러 사람들이 모여앉아 식사뿐만 아니라 함께 차를 마시며 담소를 나눌 수 있게 넓게 꾸며 놓았다. 건넌방 아래쪽으로는 아궁이가 있는 부엌과 아랫방을 두고 옆에 있는 안대문간과 연결되어 있다. 안대문간 오른쪽에는 사랑채

의 사랑부엌을 배치하였다. 부엌 앞으로는 2칸의 광을 두었고, 사랑채와 붙은 맞은편 익랑에는 헛간, 마루방, 광을 배치했다. 안채 뒷마당에는 있는 3칸 초당은 방과 광으로 구성되어 있는데 공부방으로 사용한 듯하다.

서울에서 살다가 10년 전 이곳에 내려오신 김기현(1940년생) 이효원 선생 부부, 평생 강단에서 학생을 가르치던 분들이시기에 시골생활이 힘드실 법도 한데 두 분 모습에선 미소가 떠나질 않는다. 이제 고택에서 10년쯤 살아보니 무엇이 불편한지, 어떻게 고쳐야 원형을 훼손하지 않고 편리한 공간이 될 수 있는지 조금씩 알게 되는 것 같다고 하신다. 고택문화재는 원형 그대로 문화재로서의 가치를 보존하면서 후손들에게 물려줘야하는 것이기도 하지만 그곳에서는 생활하기 불편하고 힘이 들어 어느 누구도 살려고 하지 않을 것이다. 고택은 사람의 온기를 불어넣을 때 더욱 빛을 발하는 법. 고향에서 멋지게 인생 제2막을 열고 계신 두 분 모습이 아름답다.

🏯 주변 고택

• **정순왕후 생가**(貞順王后 生家) : 충청남도 기념물 제68호, 충남 서산시 음암

　면 한다리길 39

• **서산 유기방 가옥**(瑞山 유기방 家屋) : 충남민속문화재 제23호, 서산시 운산면

　이문안길 72-10

📷 주변 명소

　얼굴 가득 자애롭고 온화한 '백제의 미소'를 간직한 서산 마애여래삼존

상이 가장 먼저 떠오르는 충남 서산은 예로부터 내포문화권의 중심지였

다. 비옥한 땅, 기름진 갯벌, 드넓은 바다에서는 사계절 풍부한 먹거리

가 생산되고, 천수만 간척사업, 대산공업단지, 서해안고속도로의 개통

등 개발의 물결을 타고 서해안 시대의 중심지로 떠오르고 있는 곳이다.

• **서산 해미읍성**(瑞山 海美邑城, 사적 제116호, 충청남도 서산시 해미면 남문2로 143) 서산 해미읍

성은 고려 말 국정이 혼란한 틈을 타 왜구가 해안지방을 침입해 막대

한 피해를 입히자 이를 제압하기 위해 축성

한 성으로 1417년(태종 17)에 시작해 1421년(세종

3)에 완성했다. 성벽 주변에 탱자나무를 심어

적병을 막았다고 '탱자성'이라고도 불렀다.

또한 해미읍성은 조선 후기 천주교를 탄압하

면서 1,000여 명의 천주교 신도를 처형했던

서산 해미읍성

순교성지이기도 하다.

- **서산 개심사**(瑞山 開心寺, 충남 서산시 운산면 개심사로 321-86) 성왕산 남쪽 기슭에 자리 잡은 서산 개심사는 654년(의자왕 14) 혜감(慧鑑)스님이 창건하고 '개원사(開元)'라 이름 지었다. 그 후 1350년(충정왕 2) 처능(處能)대사가 중수하고 개심사라 고쳤고, 1484년(성종 15)에 개축한 사찰이다. 서산 개심사 대웅전(瑞山 開心寺 大雄殿, 보물 제143호), 목조아미타여래좌상(木造阿彌陀如來坐像, 보물 제1619호), 영산회괘불탱(靈山會掛佛幀, 보물 제1264호)을 비롯해 보물 5점과 많은 사찰문화재가 남아 있다.

- **간월암**(看月庵, 충남 서산시 부석면 간월도1길 119-29) 천수만의 북쪽에 위치한 간월도 바로 앞에는 밀물 때는 섬이 되었다가 썰물 때 물이 빠지면 뭍이 되는 조그만 섬이 하나 있다. 바로 서해안 낙조의 명소로 꼽히는 간월암이다. 고려 말 무학 대사(無學大師, 1327~1405)가 이곳에 암자를 짓고 '무학사'라 부르다가 1914년 만공 스님이 중건하면서 무학 대사가 이곳에서 수도하다가 달을 보고 도를 깨우쳤다고 해 '간월암'이라 이름을 했다. 간월도로 들어가는 길가엔 간월도 특산품인 어리굴젓을 파는 집이 많다. 간월도에서 수도하던 무학 대사가 태조 이성계에게 어리굴젓을 보내 수랏상에도 올랐다.

서산 개심사 대웅전과 심검당

서산 간월암

안동 향산 고택

(安東 響山 古宅)

此心更虛明　가슴 속의 피 다 마르니 이 마음 다시 허명하구나

明日生羽翰　내일이면 어깨에 날개가 돋아

逍遙上玉京　옥경에 올라가 소요하리라

　　　− 향산 선생의 《靑丘日記》 中에서 −

경술국치 소식에
곡기를 끊고 단식

<u>1910년 8월 22일</u> 한일합방이 되자 전국에서 수많은 사람이 목숨을 끊고 순절(殉節)하였다. 가장 먼저 단식으로 순절한 분, 향산 이만도(響山 李晩燾, 1842~1910)가 항일독립운동의 불씨를 당겼다. 그를 따라간 이가 전국에서 90명에 이른다고 하니 이 얼마나 애통한 일인가.

향산 선생은 진성이씨(眞城李氏) 퇴계 이황(退溪 李滉, 1501~1570)의 11세손으로, 경북 봉화군 봉성면에서 태어났다. 성균관 대사성(大司成)을 지낸 이휘준(李彙濬, 1806~1867)의 둘째 아들인 그는 일곱 살 때 일찍 세상을 떠난 막내 숙부 이휘철(李彙澈)의 양자가 되었다. 25세에 문과 장원급제해 명문가 후예답게 성균관의 전적(典籍)을 시작으로 홍문관 부교리(副校理), 사헌부 장령(掌令)과 지평(指平), 사간원 사간(司諫) 등 청직(淸職)을 지냈다. 54세가 되던 해, 1895년 일본이 경복궁에 난입해 명성왕후를 시해하는 사건이 발생하자 전국에서 의병이 일어났다. 선생도 일본 군대에 맞서 예안에서 의병을 일으켜 항거를 했지만 뜻을 이루지 못하고 통한의 세월을 보냈다. 결국 1905년 을사늑약이 이뤄지자 선생은 '청참오적소(請斬五賊疏, 오적을 처단하라)'라는 상소문을 써서 아들인 기암 이중업(起巖 李中業, 1863~1921)에게 소

사랑채에 걸린 향산 선생 일가의 항일운동 기록물

를 올리게 하고 자신은 산으로 들어가 은거했다. 선생의 나이 69세, 경술국치 소식에 나라를 잃고 군왕이 치욕을 당하게 된 것에 대해 죽음으로 책임을 다하고자 1910년 9월 17일 가족과 친지들의 만류에도 불구하고 단식으로서 죽음을 결정하고 10월 10일, 단식을 시작한 지 24일 만에 순국했다. 그 와중에도 선생은 24일간 단식 과정을 기록한 《청구일기(靑邱日記)》를 남겼다.

이런 선생의 유지에 따라 아들, 며느리, 손자 3대에 걸쳐 모두 항일독립운동에 참여했다. 아들 이중업은 명성황후가 시해되자 분통을 이기지 못해 유인식(柳寅植), 이상룡(李相龍), 박재중(朴在重) 등과 함께 의병을 일으켜 '당교격문(唐橋檄文)'을 지어 각 지방에 내붙였다. 1919년 제1차 세계대전 후 파리에서 열린 파리강화회의에 제출할 파리장서(巴里長書) 서명운동에도 참여했고, 1921년에는 한국 유림대표로 손문(孫文)에게 보내는 독립청원서 2통과 중국 군벌 오패부에게 보내는 독립청원서 1통을 갖고 출국하기로 계획했었지만 출국 직전 뜻을 이루지 못하고 병사했다.

선생의 며느리 김락(金洛, 1863~1929)은 시아버지, 남편 등 항일독립투쟁의 뒷바라지를 했고, 자신도 3.1만세운동에 직접 나섰다가 수비대에 끌려가 고문으로 두 눈을 잃고 10년을 넘게 고생한 나머지 끝내 숨졌다. 선생의 손자 이동흠(李棟欽, 1881~1967)과 이종흠도 독립운동가로 성장했다. 1915년 결성된 광복회(光復會)에 들어가 군자금을 모집해 일경에

안채전경

잡히기도 하고, 제2차 유림단 의거에도 참가했다. 이종흠은 영양 석보 원리에서 자금을 모으다 탄로나 1926년 형제가 모두 체포돼 모진 고문 을 당했다.

안동시내에서 도산서원으로 가는 길목, 일본에 나라를 빼앗긴 울분 으로 단식으로 항거를 하다가 순국한 애국지사 향산 선생의 옛 집이 있 다. 이곳은 한 집안의 3대(代) 독립유공을 기려 '3대 독립운동가문'으로, 목숨과 전 재산을 나라를 위해 내놓고 '노블레스 오블리주'를 실천한 명 문가이다. 원래는 안동시 도산면 토계리에 있었는데 안동댐 공사로 수

몰되자, 1976년 안동시 안막동으로 이건했다. 소나무와 밤나무 숲이 집 주변을 둘러싸고 있어 아늑함마저 느끼게 한다. 나지막한 토담 너머로 안동 향산 고택(安東 響山 古宅, 중요민속문화제 제280호, 안동시 퇴계로 297-6)이 자리 잡고 있다. 정면 5칸, 측면 1칸의 '一'자형 사랑채 뒤로 안마당을 사이에 둔 정면 5칸, 측면 3칸 반 규모의 '冂'자형 안채가 남서향으로 배치되어 전체적으로 'ㅁ'자형 형태를 이루고 있다. 사랑채는 중문을 사이에 두고 중문채와 사랑채가 연결된 형태라 할 수 있다. 왼쪽에는 문간방과 중문이 있고, 오른쪽으로는 2칸의 사랑방과 1칸의 사랑대청을 두고 앞쪽에 쪽마루를 설치했다. 사랑방 한 쪽에는 3대 독립운동가 서훈장을 복사해 전시해 놓았다. 가만히 보고 있노라니 저절로 고개가 숙여진다. 사랑방 뒷벽에는 수장 공간인 벽장을 꾸며 서책이나 집기류 등을 보관하기 용이하게 했다. 특히 사랑채 좌우에는 일반 주택에는 잘 볼 수 없는 양식

고택 안채 익랑

인 박공면에 풍판을 설치해 벽체에 비바람이 치는 것을 막았다.

안채는 2칸 안방과 1칸의 안대청을 사이에 두고 좌우로 나란히 익랑을 배치했다. 좌익랑에는 2칸의 부엌과 상방을 두었고, 우익랑은 1칸의 고방과 2칸의 상방을 두었다. 사랑채와 마찬가지로 안채에도 수장 공간을 두고 있는데, 안방과 고방 위에는 안대청에서 이용할 수 있는 더그매 (지붕과 천장 사이 비어 있는 공간. 주로 수장 공간으로 사용한다)와 안방 뒷벽에 벽장을 설치해 놓았다.

항일독립운동가문이라는 것에 걸맞지 않게 집은 낡고 쇠락했지만 굳건함이 느껴진다. 현재 향산 고택에는 10년 전부터 이동렬 씨 부부가 생활하며 선생의 유지를 받들며 독립운동가문의 숭고한 정신을 본받기 위해 간간이 찾아오는 방문객을 맞고 있다. 고택 위로 잠잠히 내려오는 적막함에도 더 이상 외롭지 않아도 될 듯. 기억해 주는 누군가가 있고 찾아오는 이가 있어 행복해 보인다.

🏛 주변 고택

• **안동 임청각**(安東 臨淸閣)：보물 제182호, 경북 안동시 임청각길 53

• **법흥동 고성이씨 탑동파 종택**(法興洞 固城李氏 塔洞派 宗宅)：중요민속문화재 제 185호, 경북 안동시 임청각길 103

📷 주변 명소

경북 안동은 한국 정신문화의 수도, 지붕 없는 박물관으로서 선사문화·민속문화·불교문화·유교문화가 두루 공존하는 문화의 보고이다. 특히 오랜 세월 우리 조상들의 일상적인 삶과 학문의 얼이 담긴 유·무형의 생활문화가 고스란히 살아 숨 쉬고 있다.

• **안동댐**(경북 안동시 석주로 202) 1976년 준공된 안동댐은 낙동강 하류 지역의 연례적인 홍수 피해를 줄이고 농업용수·공업용수·생활용수를 확보하며 수력 발전으로 전력을 생산할 목적으로 계획된 다목적댐이다. 낙동강 본류를 가로막은 댐의 높이는 83m, 제방길이 612m, 총저수량 약 12억5천만톤, 유역면적은 1,584㎢이며 시설 발전용량은 9만㎾, 연 발전량은 89Gwh이다. 지난 2003년 지어미의 지고지순한 사랑을 기리고자 미투리 모양으로 설계한 월영교(月映橋)가 안동호를 가로지르며 세워졌다. 이 다리는 우

안동 안동댐

리나라에서 가장 긴 목책교로 너비 3.6m, 길이 387m다. 다리 한 가운데 세운 월영정(月映亭), 점핑날개곡사분수, 조명시설 등을 갖추고 있다.

- **안동 운흥동 오층전탑**(安東 雲興洞 五層塼塔, 보물 제56호, 경북 안동시 경동로 684) 안동역 구내에는 통일신라 시대 전탑인 안동 운흥동 오층전탑(安東 雲興洞 五層塼塔, 보물 제56호)과 안동 운흥동 당간지주(安東 雲興洞 幢竿支柱, 경북 유형문화재 제100호)가 있다. 《동국여지승람》《영가지》 등의 기록에 의하면 이 부근에 법림사(法林寺)가 있었다고 하나 지금은 5층전탑과 당간지주만이 남아 있다.

- **전통문화콘텐츠박물관**(경북 안동시 서동문로 203) 2007년 9월 개관한 전통문화콘텐츠박물관은 '유물'이 없는 국내 최초의 디지털 박물관이다. 안동의 다양하고 풍부한 전통문화를 기반으로 현재·미래에 걸맞는 첨단시스템 기술을 도입하여 전국 최초로 유물을 전시하지 않은 새로운 형태의 전시시스템을 개발하여 다양한 문화를 체험할 수 있다. 안동의 구비전승을 체험할 수 있는 '클릭 옛 소리', 온 가족이 함께 서당체험을 할 수 있는 '장원급제놀이', 직접 체험을 할 수 있는 '장판각과 목판체험', 탈도 써보고 춤사위도 배울 수 있는 '하회탈춤 UCC' 등을 통해 다양한 체험을 할 수 있다.

안동 운흥동 오층전탑

안동 전통문화콘텐츠박물관

영덕 영양남씨 난고 종택

(盈德 英陽南氏 蘭皐 宗宅)

어버이에게는 효도하며 자식 된 직분을 부지런히 하고

자손들은 선조에게 보답하고 종통을 중히 여겨라.

일상생활에서도 근본을 두터이 하고, 직분을 다하는 것을 급선무로 하고,

행실을 조심하며 사람을 편하게 대하고 남의 장단점을 말하지 말며,

용모를 바르게 하고 절도를 조심하고, 평소 근검하고 가례는 간소하게 하라.

책을 읽어 이를 분별하라는 방책을 모두 터득하는 위기지학 하라.

공을 내세우지 말며 칭찬을 부끄럽게 생각하라.

　　　　　　　　　　　　　　　　　　- 난고 선생이 지은 종훈(宗訓) -

공을 내세우지 말고
칭찬을 부끄럽게 여겨라

　　　　　<u>영덕군</u> 영해면 원구마을에 영덕 영양남씨 난고 종택(盈德 英陽南氏 蘭皐 宗宅, 중요민속문화재 제271호, 경북 영덕군 영해면 원구1길 13-11)이 자리 잡고 있다. 난고 종택은 1624년 난고 남경훈(蘭皐 南慶薰, 1572~1612)의 아들인 안분당 남길(安分堂 南佶, 1595~1624)이 아버지를 추모하면서 세웠다. 조선 중기 학자인 난고 선생은 아버지 남의록(南義祿, 1551~1620)과 어머니 춘천박씨(春川朴氏) 사이에서 태어났다. 난고 선생은 약관의 나이로 아버지와 함께 임진왜란(壬辰倭亂, 1592년) 때 영해의병장으로 나서 전투에 참전하여 경주성과 영천성을 탈환하는데 일조를 하였고, 정유재란(丁酉再亂, 1597년)이 일어나자 또다시 창녕으로 달려가 전투에 참전했다. 7년간 전투에 참여해 의병으로서 큰 공로를 세웠지만 모든 공을 아버지에게 돌리고 자신은 벼슬을 마다하고 학문에만 몰두했다. 향시(鄕試)와 사마시(司馬試)에도 합격해 성균관 진사(進士)에 선발되었지만 벼슬의 뜻을 접고 스스로를 '난고거사(蘭皐居士)'라 부르며 학문과 심신 수양에 매진하며 지냈다. 남의록이 임진왜란 후 수탈이 극심한 영해부사를 탄핵하자 도리어 관원을 능멸하고 무리들의 괴수라는 죄목으로 감옥에 갇히게 되었다. 난고 선생은 아버지의 원통

함을 호소해 아버지 대신 옥고를 치렀다. 결국 무죄로 판명되고 영해부
사는 파직되었지만 난고 선생은 이때 겪은 고초로 병을 얻어 아버지보
다 8년이나 앞서 생을 마감했다.

우리나라 대부분의 종택이 그렇듯 난고 종택 역시 풍수지리적으로 명
당에 속한다. 중구봉(重九峯) 아래 안정되고 평화로운 지세를 갖추고 있
는 이곳에 원래는 연지가 있었지만 사토로 땅을 메우고 집을 지었다.
그러면 천년 동안 자손이 번성한다고 했다. 그래서 일까. 우연의 일치
인지도 모르지만 영양남씨 난고종파는 영해에 뿌리를 내린 후 단 한 번
도 양자를 들여온 적이 없이 종손이 종가를 지키며 살고 있으며, 다른
사람의 글을 빌린 적도 없이 스스로 독학으로 학문을 익힌 난고 선생의
후손들은 선생으로부터 9대에 이르기까지 한 대도 빠짐없이 과거 급제

자를 배출해냈다. 또한 400년 종가의 역사가 내려오면서 한 대도 빠짐 없이 간찰이 남아 있으며 자손들의 과거나 시험에 관련된 문서들은 문규로 정해서 모두 종가에서 보관하고 있다.

조선 시대 경북 상류주택의 생활상을 잘 보존하고 있는 난고 종택은 대문채, 정침, 만취헌, 불천위사당, 별묘, 난고정 등이 400여 년 동안 시대를 달리 하며 지어졌지만 큰 변화 없이 종가의 역사를 잘 간직하고 있다. 솟을대문을 들어서면 먼저 만취헌(晚翠軒)이 눈에 들어온다. 만취헌은 난고 선

생의 3대손인 만취헌 남노명(晩翠軒 南老明, 1642~1721)이 건립해 강학과 종사를 보던 곳이다. 정면 3칸, 측면 2칸의 '一'자형 건물로, 4통간 대청마루 좌측에 웃방과 아랫방을 두고 있다. 원래 사랑채는 안채 영역인 'ㅁ'자형 정침의 오른쪽에 있었지만 조선 중기를 지나면서 사랑채의 기능이 강화되면서 별채형 사랑채가 많아지게 되었다. 만취헌도 유교적 교리의 강화와 남성 중심적인 공간이 확대되면서 별채형 사랑채를 지었다고 볼 수 있다.

안채영역이라 할 수 있는 정침은 난고 선생의 아들인 남길이 아버지

사랑채 아궁이와 창

를 추모하기 위해 지은 건물이다. 주로 영동이나 안동문화권에서 나타나는 뜰집 형태로 여성영역인 안채와 남성영역인 사랑채, 행랑영역이 결합된 정침은 정면 5칸, 측면 6칸의 'ㅁ'자형으로 정방형 안마당을 두어 안정감 있게 구성했다. 대문간의 중문을 중심으로 좌측에는 헛간과 고방이 있고, 우측에는 안사랑과 사랑마루로 이뤄진 사랑채가 자리 잡고 있다. 정면에 보이는 안채는 6칸의 넓은 대청마루를 중심으로 좌우에 안방과 상방을 두고 있으며, 안방 뒤에는 쌀이나 술독 등 각종 물품을 보관할 수 있는 도장을 두었다. 안채와 연결된 좌익사는 정지칸과 통래칸을 두었고, 우익사는 고방 2칸과 중방을 배치했다.

난고정(蘭皐亭)은 난고 선생이 의병활동에서 돌아와 학문에 몰두하면서

연못 위에 작은 정자를 처음 지었는데 그 후에 다시 지은 2층 누각형태의 정자이다. 정면 4칸, 측면 2칸으로 가운데 4칸의 통간대청을 두고 좌우에 1칸 반 정도의 온돌방을 두었다.

　그밖에도 별묘(別廟)와 다른 종가에서는 찾아볼 수 없는 불천위사당(不遷位祠堂)이 있는데 지금까지도 선생을 기리는 제향을 올리고 있다.

　수백 년 살아있는 역사를 그대로 보여주는 난고 종택에는 난고 선생의 17세 종손 남석규(南錫圭, 1946년생) 선생 부부가 살고 계신다. 그동안 연로하신 부모님께서 계셔서 자주 들어오긴 했지만 2007년 부친이 작고하시면서 대구에서의 생활을 정리하고 고향집으로 들어왔다. 몇 십 년 도시생활에 익숙해져 처음엔 조금 힘들었지만 이제는 이곳에서의 생활에 적응되어 두 분은 편안하고 행복하다고 하셨다. 남석규 선생이 생활하고 계시는 만취헌 사랑방으로 안내를 하신다. 따끈따끈한 아랫목이 있는 온돌방, 사람 사는 온기가 그대로 전해져 온다. 남석규 선생은 새벽이면 일어나 아궁이에 군불을 지피는 것을 시작으로 선조들이 살던 그대로의 공간에서 생활하고 계신다. 명절 때 자녀들이 손주들을 데리고 내려온다고 하면 미안한 마음이 먼저 든다고 하시지만 마음 푸근한 고향과 가슴 따뜻하게 안아주는 부모님이 계시기에 그 정도 불편함은 아무것도 아닐 듯싶다. 아마 집도 하루하루 손꼽아 기다리고 있으리라. 활기가 넘치는 그 날을.

🏠 주변 고택

• **영덕 충효당**(盈德 忠孝堂) : 중요민속문화재 제168호, 경북 영덕군 창수면
인량6길 48

• **영덕 괴시동 물소와 고택**(盈德 槐市洞 勿小窩 古宅) : 경북민속문화재 제169호, 경
북 영덕군 영해면 호지마을1길 18-1

📷 주변 명소

경북 영덕은 서울에서 조금 먼 곳, 푸른 파도가 넘실대는 바다가 시
원스레 펼쳐진 곳이다. 영덕 대게 맛의 명소인 강구항을 비롯해 강원도
고성에서 부산에 이르는 688km 해파랑길의 일부인 영덕 블루로드, 작
은 포구와 어촌풍경을 맘껏 구경할 수 있는 바다풍경이 환상적인 강축
해안도로는 늘 사람들로 붐빈다.

• **괴시리 전통마을**(경북 영덕군 영해면 괴시리) 괴시리 전통
마을은 영해면에서 해안방향으로 1km 정도 내
려가면 망월봉 아래 '八'자 모양 형국으로 연밭
을 앞에 두고 200년 종가 고택들이 자리하고
있다. 이 마을은 400년 영양남씨의 세거지이자
집성촌으로 핵심적인 위치에 자리한 300년된
영남남씨 괴시파 종택을 비롯, 대남댁, 영은 고
택, 물소와 고택 및 서당 등 많은 종택과 서당,

영덕 괴시리 마을

정자 등 도합 14점의 국가 및 도 지정 문화재 자료가 있다. 또한 목은 이색(牧隱 李穡, 1328~1396)선생이 탄생한 외가이자 생가지인 이곳에 목은기념관과 동상, 팔각정 등 그의 향취가 곳곳에 남아있다.

- **인량리 전통마을**(경북 영덕군 창수면 인량리) 인량리 전통마을은 영해면 등운산 지맥이 내려온 산줄기 아래 학이 양쪽 날개를 펼치는 듯한 형상을 이루고 마을 앞은 넓은 들과 송천이라는 개천이 흐르는 길지 중의 한 곳이다. 이 마을은 5대성(大姓) 8종가(宗家)가 터를 잡고 세세토록 거주하고 있으며, 선비의 문(文)과 도(道)가 전통으로 지켜져 내려오며 수많은 인재들이 각지에 배출되었다.

- **영덕 장육사**(盈德 裝陸寺, 경북 영덕군 창수면 장육사1길 172) 구름이 산다는 운서산(雲棲山) 자락에 자리한 영덕 장육사는 1355년 고려 공민왕 때 나옹선사(懶翁禪師, 1320~1376)가 창건한 사찰이다. 조선 세종 때 산불로 전체가 소실되어 다시 중건되었고 또 다시 임진왜란으로 폐허가 되었다. 그 후 다시 중건되어 오늘에 이른다. 장육사 대웅전(裝陸寺 大雄殿, 경북 유형문화재 제138호)이 나온다. 대웅전에는 석가모니불상 뒷면 벽에 영산회상도(경북 유형문화재 제373호)가 봉안되어 있고, 대웅전 옆 관음전에는 장육사 건칠보살좌상(裝陸寺 乾漆觀音菩薩坐像, 보물 제993호)이 봉안되어 있다.

영덕 인량마을

영덕 장육사

예산 수당 고택

(禮山 修堂 古宅)

4대에 걸쳐 애국지사를 배출하다

<u>4대 애국지사</u>를 배출한 곳, 예산 수당 고택(禮山 修堂 古宅, 중요민속문화재 제281호, 충남 예산군 대술면 상항방산로 181-8)을 찾아가기 전 수당가의 인물을 한 분 한 분 짚어보고 가는 것이 예의일 듯하다.

수당 이남규(修堂 李南珪, 1855~1907)는 서울에서 아버지 이호직(李浩稙)과 어머니 청송심씨(靑松沈氏) 사이 장남으로 태어났다. 가정 이곡(稼亭 李穀), 목은 이색(牧隱 李穡), 이산해(李山海) 등 고려 말과 조선 시대에 이름 높은 유학자와 재상을 배출한 한산이씨(韓山李氏)가의 유학적 선비정신을 이어받아 구한말 4대문장가의 한 사람으로 이름을 떨쳤다. 수당 선생은 과거 급제 후 승문원(承文院) 권지부정자(權知副正字)에 임명되어 벼슬길에 오르기 시작해 홍문관(弘文館) 교리(校理), 승정원(承政院) 동부승지(同副承旨), 우승지(右承旨), 공조참의(工曹參議), 형조참의(刑曹參議) 등 요직을 두루 거쳤다. 1895년 을미사변 시 '청복왕후위호 토적복수소(請復王后位號 討賊復讐疏)' 상소를 올려 격렬히 맞섰고, 1905년 을사늑약이 체결되자 '청토적소(請討賊疏)' 상소를 올려 매국노를 처단하고 대항할 것을 주장하며 항일운동을 펼쳤다.

1907년 예산에서 칩거하던 수당 선생은 일제에 체포되어 강제 연행되자 "선비는 죽일 수 있으나 욕보일 수는 없다"며 스스로 가마에 올랐다. 결국 온양 평촌 냇가에서 장남 이충구(李忠求, 1874~1907), 하인 김응길(金應吉)과 함께 모두 순국했다. 수당의 손자 이승복(李昇馥, 1895~1978)은 연해주와 상해에서 독립운동을 전개하고, 귀국해서 조선·동아 및 신간회에서 독립운동의 주역으로 활약했다. 수당의 증손 이장원(李章遠, 1929~1951)은 한국전쟁 시 해병사관후보생으로 입대해 원산에서 순국했다. 일제의 혹독한 탄압 속에서도 굴하지 않고 끝까지 항거했던 수당 선생의 애국충절과 유학자, 예학자, 실학자로서의 고귀한 삶을 살아온 선비정신이 대를 이어 독립운동, 호국정신으로 승화되었다.

정자겸 사랑채인 평원정

고택 전경

수당 고택은 갈막마을 끝부분 나지막한 산자락에 안긴 듯 한적한 곳에 자리 잡고 있다. 고택 바로 위에 있는 방산저수지를 만들 당시 수몰될 위기에 놓였지만 독립지사인 수당 선생뿐만 아니라 훈장을 받은 애국지사가 연이어 배출되었기에 가능한 일이었다. 이 고택은 1637년(인조 15) 수당 선생의 10대조 이구(李久)의 부인 전주이씨(全州李氏)가 터를 잡고 지었다.

정자겸 사랑채인 '평원정(平遠亭)'은 담장도 없이 사방이 툭 터져 있다. 사랑채 앞마당 입구 돌에 새겨놓은 '반환대(盤桓臺)'. 어렴풋이 형태만 남아있는 글자가 세월의 흔적을 느끼게 한다. 이곳이 사랑채로 들어가는 대문인 셈. 여기서 기다리며 집주인의 방문 허락을 받아야만 출입이 가능하다.

사랑채는 막돌로 3단 허튼층쌓기를 한 기단 위에 당당한 모습으로 서 있다. 정면 6칸, 측면 2칸의 '一'자형 건물로 전면에 길게 툇마루를 설치하고 좌우측에 각각 분합문을 단 마루방을 배치했다. 양쪽 마루방 뒤로 사랑방과 건넌방을 각각 배치했다. 툇마루를 올라 대청으로 들어가면 특이한 공간이 먼저 눈에 들어온다. 마루보다 한 단을 높게 설치해 놓은 '고상(高床)'이 바로 그것. 가끔 누정에 이런 공간이 설치되어 있긴 하

고상이 설치된 사랑채 내부

지만 민가에서는 쉽게 찾아볼 수 없다.

'튼 ㅁ' 자형인 안채영역은 높은 축대 위에 문간채를 두고 돌아가며 돌로 장식한 담장을 쌓았다. 달이 뜬 것 같은 월방문이 가장 먼저 눈에 들어온다. 평대문의 문지방과 상인방에 둥글게 휜 나무를 사용했다.

대문채는 총 7칸 'ㅡ'자 건물로 대문칸을 사이에 두고 왼쪽 2칸은 하인이 사용하던 방과 오른쪽 3칸은 광으로 구성되었다.

'ㄷ'자형 안채는 경사진 지형을 이용해 건물을 짓다보니 익랑채에서 안대청으로 이르는 기단이 점점 높아진다. 건물이 시작되는 양쪽 익랑채 부엌은 1단 기단으로 시작해 건넌방, 대청에 이르러선 3단이다. 안채는 대청을 사이에 두고 오른쪽은 안방을, 왼쪽은 벽감(壁龕)과 마루방을 배치했다. 팔작지붕을 둔 익랑채에는 건넌방과 부엌을, 맞배지붕을

둔 익랑채에는 방과 부엌을 배치했다. 대청의 전면은 부연을 단 겹처마로 해 빗물이 들이치지 않는 것은 물론 안채가 한층 격이 높아 보이도록 했다. 특히 사당 대신 조상의 위패를 모신 벽감을 집안에 두어 이곳에서 차례와 제사를 올린다.

대청에 앉으면 문간채 너머 앞산의 능선이 한 눈에 들어오고, 뒤편 바라지창을 열면 후원과 뒷산이 훤히 다 내다보인다. 밖에서 바라보면 폐쇄적인 공간처럼 느껴지지만 안주인이 지은 건물답게 세심하게 배려한 모습이 곳곳에서 엿보인다.

2008년 문을 연 수당기념관은 수당 선생이 실천한 '士可殺 不可辱(선비는 죽일 수 있으되 욕보일 수는 없다)'의 고귀한 정신을 널리 알리고 이를 계승하기 위해 건립했다. 또한 수당의 4대, 이남규(李南珪) 이충구(李忠求) 이승복(李昇馥) 이장원(李章遠)으로 이어진 애국·호국 활동을 소개하고 이를 통하여 수당가(修堂家)의 독립·호국정신을 이해할 수 있도록 했다.

수당 선생의 증손인 이문원(李文遠, 1937년생) 관장은 서울에서 40년을 넘게 교직생활을 하고 제6대 독립기념관 관장을 역임하셨다. 칠순이 훨씬 넘은 연세에도 불구하고 애국지사 후손답게 건장한 체구와 꼿꼿한 모습에서 위엄이 느껴진다. 2005년 이곳으로 내려와 생활하면서 선조의 숨결이 느껴지는 고택을 수리하고 수당가의 애국정신과 선조들의 유물들을 전시한 수당기념관을 건립하는 등 서울과 예산을 오르내리며 많은 일을 하셨다. 내년에는 사랑채 앞에 있던 연못과 정자 복원 계획이 잡혀 있고, 안채 앞에 있던 행랑채의 복원도 해야 하고 할 일이 태산이라고 푸념하시지만 목소리에선 열정이 넘친다.

🏛 주변 고택

• **예산 정동호 가옥**(禮山 鄭東鎬 家屋) : 중요민속문화재 제191호, 충남 예산군 고덕면 지곡오추길 133-62

• **추사 고택**(秋史 古宅) : 충남유형문화재 제43호, 충남 예산군 신암면 추사 고택로 261

📷 주변 명소

땅이 넓고 기름진 예당평야가 펼쳐져 있는 충남 예산(禮山). 의좋은 형제의 고장이자 예의와 충절의 고장인 예산은 내포신도시에 도청이 들어서면서 새롭게 각광받는 전원도시로 변모하고 있다.

• **예산 수덕사**(禮山 修德寺, 충청남도 예산군 덕산면 수덕사안길 79) 예산군 덕산면 덕숭산 자락에 자리 잡은 예산 수덕사는 599년(법왕 1)에 고승 지명(知命)이 처음 세우고 원효대사가 중수했다고 전해지기도 하고, 숭제(崇濟) 스님이 창건하고 나옹선사가 중수했다고도 전해진다. 근세에 들어서는 우리 불교를 지켜온 경허 스님과 만공 스님이 머물며 많은 후학을 배출했고, 우리나라 조계종 5대 총림의 하나인 덕숭총림(德崇叢林)이 있어 많은 수도승이 정진하고 있는 곳이기도 하다. 경내에는 가장 오래된 목조건축물인 수덕사 대웅전(修德寺 大雄殿, 국보 제49호)을 비롯해 수덕사 노사

예산 수덕사

나불괘불탱(보물 제1263호), 목조석가여래삼불좌상 및 복장유물(보물 제1381호), 수덕사 칠층석탑(충남문화재자료 제181호) 등 많은 문화재가 있다.

- **예당저수지**(충남 예산군 응봉면 후사리 산81) 1962년에 건설된 국내에서 가장 큰 저수지인 예당저수지는 예산군과 당진군의 농경지에 물을 공급해 준다고 해 '예산군'과 '당진군'의 앞머리를 따서 이름을 지었고, 4개 마을이 수몰되는 아픔을 겪기도 했다. 초봄부터 늦가을까지 계속 낚시를 할 수 있는 예당저수지는 붕어, 잉어, 뱀장어 등이 많이 잡히는 중부권의 최고의 낚시터로 알려져 있고, 또한 1986년에 국민관광지로 지정되어 낚시뿐만 아니라 조각공원, 캠핑장, 산책로 등이 조성되어 휴양지로도 인기가 높다.

- **한국고건축박물관**(韓國古建築博物館, 충남 예산군 덕산면 홍덕서로 543) 한국고건축박물관은 1998년 중요무형문화재 제74호 대목장 전흥수 관장이 사재를 털어 개관했다. 고건축 기능인들의 기능을 높이고 우리나라 고건축 문화의 우수성을 널리 알리는 터전으로 활용하고자 세운 박물관으로 삼국 시대부터 조선 시대까지 우리나라의 대표적인 사찰, 탑, 불상 등 문화재와 건축물의 축소모형 전시는 물론 고건축물 제작에 사용된 각종 전통 연장 및 도구들도 같이 전시돼 있어 한국 고건축 발달사를 한눈에 보고 느낄 수 있다.

예산 예당저수지

한국고건축박물관

합천 묘산 묵와 고가

(陜川 妙山 默窩 古家)

평생을 항일 독립운동에
헌신한 인물

<u>파리장서운동</u>(巴里長書運動)은 1919년 3.1독립운동이 일어나자 면우 곽종석(免宇 郭鍾錫, 1846~1919)과 심산 김창숙(心山 金昌淑, 1879~1962) 등 전국 137명의 유림대표가 독립청원서를 프랑스 파리평화회의에 보낸 운동으로 전문 2,674자에 달하는 장문의 독립 청원서를 임시정부에서 영문으로 번역, 한문 원본과 같이 3,000부를 인쇄해 파리평화 회의는 물론 중국과 국내 각지에 배포했다. 이 파리장서운동에 함께 참여한 만송 윤중수(晚松 尹中洙, 1891~1931)는 만주에서 독립운동을 하다 고향으로 돌아와 독립운동 자금을 모금하는 일을 주로 도맡아서 했다. 천석 재산을 독립군을 양성하는 데 다 내놓고 조국독립운동을 전개하다가 만주 무순에서 체포되어 서대문형무소에서 옥고를 치렀다. 고향으로 돌아온 선생은 41세가 되던 해에 병으로 돌아가셨다. 만송 선생은 조국의 독립을 쟁취하겠다는 일념으로 평생을 항일독립운동에 헌신한 역사적 인물로서 그 공로를 인정받아 건국훈장 애족장을 받았다.

가야산 줄기에서 뻗어 내린 달윤산 자락에 형성된 화양마을은 문과에 급제

하여 사제판사(司帝判事) 벼슬을 지낸 파평윤씨(坡平尹氏) 윤장(尹將) 선생의 후손들이 대대로 살고 있다. 합천 묘산 묵와 고가(陜川 妙山 默窩 古家, 중요민속문화재 제206호, 경남 합천군 묘산면 회양안성길 150-6)는 조선 선조 때 선전관(宣傳官)을 지낸 윤사성(尹思晟)이 인조 때 지은 집으로 그의 10세손 만송 선생이 태어난 곳이다. 창건 당시에는 건물이 8채나 되고 100여 칸에 이를 정도로 규모가 큰 사대부 집이었다.

집 전체가 담장으로 둘러싸인 고택은 대지의 북쪽에 'ㄱ'자형 안채와 그 전면으로 'T'자형 사랑채와 중문채, 방앗간채를 두었으며, 좌우에 부속건물들을 배치했다. 가파른 경사지에 집을 지었기 때문에 단을 두고 터를 닦아 각각 건물을 배치하였고, 중요 건물 전면에는 마당을 두어 독립성을 유지하도록 하면서 유기적인 연관성을 갖도록 했다. 가장 위쪽에 위치한 가묘는 남서쪽의 담장과 안채로 구획된 별도의 마당을 두었으

며, 남쪽의 협문을 통해 진입하도록 주거동선과도 분리해 놓았다.

경사진 진입로를 따라 들어가면 솟을대문이 한 눈에 들어온다. 휜 나무를 그대로 사용한 문지방이 인상적이다. 집주인의 여유가 느껴진다. 정면 5칸, 측면 2칸의 '一' 문간채는 가운데 솟을대문을 설치하고 오른쪽은 방, 왼쪽은 헛간으로 구성되어 있다.

넓은 사랑마당을 둔 사랑채가 당당한 모습으로 서 있다. '默窩古家(묵와고가)'라 쓴 현판에 걸린 사랑채는 마당보다 높게 자연석을 이용해 허튼층막쌓기로 기단을 쌓고 그 위에 정면 6칸, 측면 2칸의 'T'자형으로 4칸의 넓은 누마루는 앞쪽으로 돌출되게 지었다. 마당에 주초를 놓고 기단 높이만큼 키가 큰 원주를 세우고 지은 누마루는 동쪽과 남쪽면은 판벽

수령이 600년이나 되는 보호수 모과나무

을 설치하고 판문과 들창문을 내었고, 대문채를 향한 서쪽은 개방해 놓았다. 그리고 3면을 돌아가며 계자난간으로 꾸며 한층 격조를 높였다. 시야가 확 트인 이곳에서 집주인은 지나는 묵객과 함께 세상을 논하고, 풍류를 즐겼으리라. 중앙에 2칸 방과 마루방을 중심으로 오른쪽으로는 방, 왼쪽으로는 다락을 배치했고, 각 실 전면에 툇마루를 두어 이동이 편리하도록 했다. 사랑채와 곳간채에 사이에 중문을 두어 안채로 바로 진입할 수 있도록 했다. 특히 마루방 뒤편 하부공간을 이용해 중인방(中

引枋) 상부에 설치된 반침은 감실(龕室, 조상의 신주를 모셔놓은 곳)로 사용되었다. 이 감실은 밖에서 보면 'Y'자 형태를 한 부재들이 받치고 있는 모습이 재미있다.

사랑채 오른쪽으로 난 중문을 통해 안채영역으로 들어가면 안마당보다 높게 기단을 쌓고 정면 7칸의 'ㄱ'자형 안채가 자리 잡고 있다. 2칸 대청을 중심으로 오른쪽에 안방과 부엌을 배치하고 앞쪽으로 툇간을 두었고, 왼쪽 'ㄱ'자로 꺾어서 건넌방, 작은 부엌을 두고 앞쪽으로는 쪽마루를 내어 이동이 편리하도록 했다. 특히 부엌은 앞 벽에 큼지막하게 넉살창을 냈다.

안채 뒷마당을 지나 사당으로 오르는 길, 수령이 600년이나 된 모과나무가 긴 세월 모진 풍파에도 아랑곳하지 않은 채 꿋꿋하게 그 자리를

지키며 집과 함께 나이를 먹고 있다. 화양마을 입향조인 윤장(尹將) 선생
이 문과에 급제하여 사제판사(司帝判事) 벼슬을 지내던 중 1453년(단종 1) 계
유정난(癸酉靖難)을 피해 은둔생활을 하면서 심었다고 한다.

　10여 년 전 도시생활을 접고 윤치환·황정아 선생 부부는 고향으로
들어왔다. 처음엔 비가 오면 지붕에서 물이 새고, 아궁이에 군불을 지
펴야하는 등 불편함이 한두 가지가 아니었다. 부부는 고택의 보수와 관
리를 위해 군청 담당공무원과 수도 없이 부딪혔고, 문화재 답사를 오는
교수나 전문가를 붙잡고 고택의 현실에 대해 하소연도 했다. 수년간 주
인을 기다리며 덩그러니 자리만 지키던 고택은 부지런한 부부의 손길에
대답이라도 하듯 하루가 다르게 생기를 되찾기 시작했다.

황정아 선생은 인기척에 고운 미소를 지으며 오늘도 분주하게 움직인다. 집은 사람을, 사람은 집을 서로서로 닮아가고 있다. 조국 독립을 위해 전 재산과 온몸을 바치신 할아버님의 숭고한 애국정신의 뜻을 받들며 생활하는 후손으로서의 당당함과 자부심이 느껴진다.

🏛 주변 고택

• **합천 대목리 심씨 고가**(陜川 大目里 沈氏 古家) : 경남 문화재자료 제192호, 경남
  합천군 대양면 이계길 138

📷 주변 명소

오랜 '좁은 내'라는 뜻을 지닌 경남 합천(陜川)은 가야산, 오도산, 황매산
등 높고 험한 산으로 둘러싸여 있어 물이 맑고 경치가 수려한 곳이다.

• **합천 해인사**(陜川 海印寺, 사적 제504호, 경남 합천군 가야면 해인사길 122) 가야산(伽倻山, 해발
1,430m) 서남쪽 기슭에 자리 잡은 합천 해인사는 802년(애장왕 2) 때의 순
응(順應)과 이정(利貞)이 당나라에서 유학을 하고 돌아와 세웠다. 화엄종
의 정신적인 기반을 확충하고 선양하고자 세운 해인사는 우리나라 삼
보사찰 중 하나인 법보사찰이다. 경내에는 2007년 유네스코 세계문화
유산으로 등재된 합천 해인사 대장경판(陜川 海印寺 大藏經板, 국보 제32호)을 비
롯해 대장경판고(大藏經板庫, 국보 제52호) 및 석조여래입상(石造如來立像, 보물 제264
호), 원당암 다층석탑 및 석등(願堂庵 多層石塔 및 石燈, 보물
제518호), 반야사원경왕사비(般若寺元景王師碑, 보물 제128호),
합천 치인리 마애불입상(陜川 緇仁里 磨崖如來立像 보물 제222
호) 등이 있고, 부속 암자로 백련암(白蓮庵) · 홍제암
(弘濟庵) · 약수암(藥水庵) · 원당암이 있다.

합천 해인사

• **합천호**(陜川湖, 경남 합천군 용주면 대병면) 1988년 다목적댐인 합천댐이 준공되면서 생긴 인공 호수로 면적 25.95㎢, 댐 높이 96m, 길이 472m, 총 저수량이 7억 9천만 톤이나 된다. 동서로 길게 황강을 끼고 병풍처럼 이어진 그림 같은 능선과 합천 호반으로 이루어진 40km 둘레길은 주변의 유명한 고가들과 함께 무릉도원을 연상케 하고 산자락도 발을 담그고 쉬어간다. 보조댐 근처에 2004년 건립한 합천 영상테마파크도 있다.

• **정양늪생태공원**(경남 합천군 대양면 대야로 730) 합천군 대양면 정양리에 있는 정양늪은 약 1만년 전 후빙기 이후 해수면의 상승과 낙동강 본류의 퇴적으로 생겨났다. 황강의 지류인 아천천의 배후습지로 자연경관이 빼어나고 다양한 동식물의 서식지로 생물학적, 생태학적 보존가치가 매우 높은 곳이다. 2007년부터 5년간 정양늪생태공원사업을 추진해 생물 다양성의 보고이자 자연과 인간의 공존을 이어주는 생명의 터로서 다시 태어난 생태공원은 탐방객을 위해 나무데크와 황토흙길을 만들어 습지의 생태를 관찰하며 산책하도록 3.2km의 탐방로를 만들어 놓았다.

합천 합천호

합천 정양늪생태공원

사랑과 꿈, 이야기가 있는 곳

나주 남파 고택

(羅州 南坡 古宅)

단국 기원 4306년 세차 계축 8월 병신삭 10표일

경술 후손 준삼은 선조 여러 어른 신위 전에 삼가 고하나이다.

오곡이 무르익은 중추절을 맞이하여 여러 선조님의 높은 은덕이 새삼 느껴지며,

추로의 정이 간절합니다.

이에 간소한 제수를 드리오니 강림하시와 흠향 하시옵소서.

– 한글로 한가위 차례에 올린 박준삼 선생의 제문 –

근대문화의 생활양식을
연구하는 귀중한 자료

나주 남파 고택(羅州 南坡 古宅, 중요민속문화재 제263호, 전라남도 나주시 금성길 12)은 나주 진산인 금성산의 물길이 흐르는 평탄한 지형에 자리 잡고 있다. 초당은 현 종손인 박경중(朴炅重, 1947년생) 선생의 6대조 박승희 선생이 1884년(고종 21)에 지었으며, 전라도에서 단일 민가 건물로는 가장 규모가 크고 관아 건물 형태를 갖추고 있는 안채는 1910년에 선생의 4대조 남파 박재규(南坡 朴在圭, 1857~1931)가 지었다. 1917년에 아래채를, 1930년에 사랑채를, 1957년에 안사랑채를 허문 자재로 지은 헛간채 등 총 7동의 건물이 들어서 있다.

박경중 선생의 6대조가 이곳에 터를 잡고 5대조 박성호 선생, 4대조 박재규 선생 등 후손들이 지금까지 대를 이어 거주하고 있는 남파 고택은 밀양박씨(密陽朴氏) 나주 종가로 그 유명세가 높다. 박경중 선생의 4대조 남파 선생은 장흥군수를 역임했고, 조부이신 박준삼(朴準三, 1898~1976) 선생은 독립운동가이며 교육자였다. 서울에서 학교를 다니던 21살 때 3·1운동에 참여했다가 옥살이를 했고, 일본에 유학하고 고향으로 돌아

와서는 독립운동을 했다. 1945년에는 건국준비위원회 나주지부 위원장을 지내기도 했으며, 1960년에는 돈이 없어 배우지 못하는 아이들을 위해 청운야간중학교를 설립했다. 청운야간중학교는 1963년에 나주 한별고등공민학교로 정식 인가를 받았다. 일본에서 영문학을 공부하고 돌아왔지만 제문을 한글로 쓸 정도로 한글운동에도 힘썼고, 박준삼 선생이 유년기부터 직접 작성한 메모, 편지, 일기 등 개인기록물에서부터 일제시기의 잡지, 신문, 교과서 등의 다양한 수집기록물을 오늘날까지 잘 보관하고 있어 근대문화와 생활양식을 연구하는 데 귀중한 자료가 되고 있다.

대부분의 고택은 시내에서 조금 떨어지고 주변 산세와 어우러진 터에 자리 잡고 있는 데 반해 나주 남파 고택은 시내 도로변에 있다. 대문 앞에 서면, 큰 대문 한 쪽 옆으로 또 하나의 문이 더 있고, 헛간채가 눈에 들어온다. 헛간채는 안사랑채를 허문 자재를 이용해 지은 건물이다. 헛간채 맞은편 담장을 사이에 두고 사랑채를 배치하고 협문을 통해 출입할 수 있게 했다. 헛간채를 지나 안채로 들어가는 중문을 들어서면 안채가 바로 보이지 않도록 쌓은 내외담이 있다. 방문객은 잠시 숨을 고르며 안채 정원으로 눈길을 돌린다. 정성스레 가꿔놓은 정원에는 계절별로 꽃과 나무를 감상할 수 있도록 다양한 수목을 심어 놓았다.

100년 동안 한 번도 개조 없이 건축 당시의 모습을 그대로 간직하고 있는 안채는 전라남도에 있는 민가 중 단일 건물로는 규모가 제일 크다. 장흥군수를 지낸 남파 선생이 지은 안채는 장흥군 관아 모습을 참

안채 전경

조해서 설계를 하고 곳곳으로 흩어져 있던 궁궐 목수를 데려와 지어서 일반 전통한옥과는 달리 격식과 위엄이 깃들어 있다. 안채는 정면 7칸, 측면 2칸 규모의 '一'자형 건물로 좌측부터 각각 4칸 규모의 부엌, 안방, 대청이 있고, 건넌방은 앞뒤로 한 칸씩 배치되어 있다. 부엌 쪽을 제외하고 건물 3면으로 낸 널찍한 툇마루는 얼굴이 비칠 정도로 반들반들 윤이 난다. 특히 부엌은 100여년 전 건물을 지었을 당시 그 모습 그대로 간직하고 있을 뿐만 아니라 종부는 매일 아침 조왕신을 위해 깨끗한 정화수를 올리고 가족의 안녕을 빈다. 4칸 규모의 널찍한 부엌에는 곡식을 저장하던 광과 땔감을 보관하던 나무청이 별도로 마련되어 있고, 부엌 한 켠에는 음식준비를 위한 정지마루도 그대로 남아 있다. 안

방 상부에는 방 크기와 같은 규모의 다락이 있어 집안의 중요한 물건들을 보관했고, 집안 곳곳에 당시 사용했던 다양한 생활용품을 지금까지도 소중히 간직하고 있다. 안채 후면으로 돌아가면 또 하나의 볼거리가 있다. 어른 한 사람들이 누워도 될 정도로 큼직한 돌확이 그것인데, 남파 선생이 안채를 짓고 살기 시작할 무렵 계속해서 집안에 우환이 생기자 집터 기운이 너무 세서 그런 것이라 여겨 그 기운을 누르고자 들여놓았다고 한다.

안채 정면에 나란히 배치한 사랑채는 두 건물 사이에 담장을 쌓아 각각 공간을 분리시키고 담장 한쪽으로 낸 협문을 통해 출입할 수 있게 했다. 사랑채는 정면 4칸, 측면 1칸의 'ㄱ'자형 건물로 좌측부터 사랑방, 대청, 작은사랑방으로 구성되어 있는데 아쉽게도 지금은 보수 중이다.

옛 모습을 그대로 간직한 초당은 박경중 선생의 6대조 어른이 이곳에 터를 잡고 처음 지은 집이다. 정면 3칸, 측면 1칸의 '一'자형 건물로 좌측부터 건넌방, 대청, 안방, 헛간(부엌) 순으로 꾸몄다. 안방 뒤쪽으로는 골방이 있으며 앞쪽으로는 건넌방까지 툇마루를 설치했다. 지금도 전기를 놓지 않은 것은 물론 아궁이에 불을 지펴 난방을 한다. 종가 음식 맛을 지키며 전통을 이어가는 장독대가 초당 오른쪽에 나란히 배치되어 있어 한결 운치가 있다.

박경중 선생은 60년을 훨씬 넘게 이곳에서 살아온 지난 시간을 추억하시는 듯 집안 곳곳을 다니며 자세하게 설명을 해 주셨다. 할머니, 어머니께서 그랬던 것처럼 마당의 풀 한 포기, 나무 한 그루에도 선생의

문간채와 안채로 향하는 중문

손길이 느껴진다. 두 분은 선조가 물려준 집을 굳건하게 지켜나가고 계신다. 그렇게 하는 것이 숙명인 것처럼.

🏯 주변 고택

- **나주 홍기응 가옥**(羅州 洪起膺 家屋) : 중요민속문화재 제151호, 전남 나주시 다도면 동력길 18-1
- **나주 홍기헌 가옥**(羅州 洪起憲 家屋) : 중요민속문화재 제165호, 전남 나주시 다도면 풍산내촌길 3-8
- **나주 홍기창 가옥**(羅州 洪起昌 家屋) : 전남 민속문화재 제9호, 전남 나주시 다도면 동력길 20

📷 주변 명소

영산강이 휘감아 돌며 드넓은 평야를 이루고 있는 나주는 '천년 고도' '작은 한양'이라 불릴 정도로 오랜 전통과 역사를 지니고 있으며, 곡창 지대에서 생산되는 풍부한 먹거리와 영산강을 통한 물자교환이 활발해 음식문화도 발달했다.

- **나주향교**(羅州鄕校, 전남도문화재 제128호, 전남 나주시 향교길 38) 1398년(태조 7)에 건립된 나주향교는 현종·숙종 때 중수, 중건되었다. 향교의 건물배치는 일반적으로 전학후묘(前學後廟)인데 나주향교는 대성전(大成殿, 보물 제394호) 뒤에 명륜당(明倫堂)을 둔 전묘후학(前廟後學)으로 서울 성균관(成均館)과 같다. 현재 향교는 명륜당, 대성전, 동·서무, 내신문, 외신문, 교직사, 충효관, 보전각, 하마비 등이 있으나 계성사, 사마재, 충복사, 수복청 등의 건물은 1958년 훼철되었다.

나주 향교 대성전

1959년 동·서재 11칸을 각 4칸으로 고쳐지었고 이후 동·서재를 11칸으로 복원하고 대성전 보우와 단청을 실시하여 현재에 이른다.

- **나주 불회사**(羅州 佛會寺, 전남 나주시 다도면 마산리 999) 덕룡산 중턱에 마치 연꽃 속에 들어앉은 형국으로 자리 잡은 불회사는 정확한 창건 연대는 알 수 없으나 1978년 법당 기와 불사 때 발견한 상량문에 의하면 366년 마라난타 스님이 창건하고, 신라의 이인(異人) 희연조사(熙演祖師)가 656년에 재창하였으며, 삼창(三創)은 1264년경 원진국사(圓眞國師)가 했다고 전해진다. 특히 불회사 입구 양쪽에 마주보고 서 있는 남·녀 2기의 석장승, 나주 불회사 석장승(羅州 佛會寺 石長栍, 중요민속문화재 제11호)을 비롯해 나주 불회사 대웅전(羅州 佛會寺 大雄殿, 보물 제1310호), 나주 불회사 건칠비로자나불좌상(羅州 佛會寺 乾漆 毘盧遮那佛坐像, 보물 제1545호) 등 많은 문화재가 있다.

- **영산포구**(전남 나주시 등대길 80) 삼한 시대부터 조선 시대를 거쳐 일제강점기에 이르기까지 호남 물류의 중심지 역할을 했던 영산포는 세곡창이 있을 정도로 번성했던 포구였다. 특히 일제강점기에는 나주평야에서 생산되는 곡물의 수탈기지가 되어 일본식 대저택과 은행, 정미소, 경찰 분소 등이 자리 잡았고, 대형화물선이 드나들 정도로 번성했던 항구 역할을 했다. 그러나 1978년 영산강 하굿둑이 건설되면서 뱃길이 끊어지고, 흑산도 홍어마저 공급이 끊겨 영산포구는 쇠락의 길을 걸었지만 현재 영산포구는 활기를 점점 되찾아가고 있다.

나주 불회사

나주 영산포

보은 최태하 가옥

(報恩 崔台夏 家屋)

마을에 무거운 것을 올릴 수 없다

<u>보은 금적산</u> 아래 자리 잡은 선곡(仙谷)마을은 화순최씨 (和順崔氏) 집성촌으로 조선 시대 계당 최홍림(溪堂 崔洪霖, 1508~1581)이 을사사화 (乙巳士禍, 1548년)를 피해 은둔생활을 하면서 계당을 짓고 성리학을 연구하며 평생을 보낸 유서 깊은 곳이다. 흔히 '선우실'이라고도 부르는 선곡마을은 학이 알을 품는 지형이라 하여 마을에 무거운 것을 올릴 수 없다고 한다. 그래서 이 마을의 조상묘지에는 무거운 상석 및 비석도 없고, 집도 사랑채만 기와로 올리고 안채는 초가를 올렸다고 전해진다.

보은 최태하 가옥(報恩 崔台夏 家屋, 중요민속문화재 제139호, 충북 보은군 삼승면 거현송죽로 301-7)을 찾아간다. 담 너머로 들리는 두런두런 주고받는 말소리에 반가운 마음이 앞선다. 주말이면 언제나 최재덕(1948년생) 선생 부부가 서울에서 내려와 할머니의 손길이 닿았던 집 안팎을 가꾸고 계신다. 당시 근검절약을 하며 재산을 많이 모으신 선생의 고조부 최봉진 씨가 이 집을 사서 이사를 오셨고, 증조부 최익수 씨가 안채를 지은 것으로 추정하고 있다. 선우실에서 흔히 이 집을 '감찰댁'이라고 부르는 것도 선생의 증조부

께서 고종 때 통훈대부 행 사헌부 감찰을 지내셨기 때문이다.

보은 최태하 가옥은 흙과 돌을 섞어가며 쌓은 담장이 전체 가옥을 둘러싸고 있다. 동쪽으로 낸 문을 들어서면 오른쪽에 솟을대문, 그 왼쪽에 사랑채가 있다. 사랑채 앞에는 수목이 식재되어 있는 사랑마당이 있다. 솟을대문을 들어서면 사랑채와는 직각 축으로 중문채가 자리 잡고 있다. 중문채와 사랑채의 사이에는 담이 둘러져 있어 안마당과의 경계가 되고 있다. 중문간채의 중앙에 있는 문을 통해 들어서면 바로 넓은 안마당이고, 정면에 안채가 중문채와 같은 방향으로 자리 잡고 있다. 그리고 특이하게도 모든 건물이 서로 연결되어 있지 않고 별도로 각각 떨어져 배치되어 있다.

사랑채 협문에서 바라본 안마당

솟을대문과 나란히 서 있는 사랑채는 정면 4칸, 측면 1.5칸의 '―'자
형으로 가운데 대청을 두고 좌우에 큰사랑과 작은사랑을 두었다. 오른
쪽 반 칸 뒤편은 아궁이 시설을 두고, 앞은 토벽으로 막아 벽장으로 사
용할 수 있게 했다. 사랑채 전면에 툇마루를 두었으며 대청은 분합문을
달아 개방할 수 있도록 했다. 담장이 둘러진 사랑마당에는 200년은 족
히 넘어 보이는 회화나무가 긴 세월 고택과 함께 나이를 먹고 있다.

1983년 사랑채 서까래가 썩고 많이 훼손되어 고(故) 최태하 씨가 보수
를 한 적이 있었다고 한다. 보수 시 대들보 상량함에서 '숭정 기원후 임
술'이라고 쓴 한지가 나왔는데 이것으로 보면 사랑채는 1682년에 지은
것으로 추정되고, 사랑채와 안채의 마루나 기둥 모서리가 닳은 정도를
비교해 봐도 사랑채가 훨씬 더 오래된 건물이란 것을 알 수 있지만 명

확하게 증명할 수 있는 기록이나 사진이 없어 안채와 같은 시기에 지은 것으로 보고 있다.

솟을대문을 지나 안채로 들어가려면 중문채를 지나야 한다. 중문간채는 사랑채와 안마당 사이로 낸 'ㄱ'자로 담과 연결되어 있다. 중문간채는 정면 5칸, 측면 1칸의 'ㅡ'자 형으로 가운데 대문을 두고 좌우에 방과 부엌, 광을 두었다.

중문간채 문을 들어서면 넓은 안마당을 둔 안채가 맞은편에 자리 잡고 있다. 안채는 정면 6칸, 측면 2칸의 'ㅡ'자 형으로 가운데 대청을 두고 왼쪽은 부엌과 안방을, 오른쪽은 건넌방을 두었다. 상량문에 1892

년(고종 29)에 지었다는 건립연도가 정확히 기록된 안채는 초가이지만 세부기법이나 건축구조에 있어 매우 뛰어난 건물이다. 1970년대 주택 지붕개량사업으로 기와를 올리기도 했지만 다시 초가를 올렸다. 방과 대청 앞으로는 툇마루를 두어 이동이 편리하도록 했으며, 방 뒤편으로는 골방을 두고 있다. 그리고 대청 뒤편은 툇마루를 설치하고 그 중 한 칸은 벽으로 막아 정실(淨室)을 만들어 조상의 위패를 모셨다. 건넌방은 앞쪽으로 함실아궁이가 있어 툇마루가 대청보다 높은 누성마루로 되어 있다.

그 밖에도 안채 주위에 초가로 된 크고 작은 곳간채가 5채나 있다. 안채 뒷마당에는 벼를 저장하던 1칸 규모의 고상식 곳간이 2채 있고, 사랑채와 안채 사이에 있는 3칸 규모의 광으로 쓰이던 곳간채가 있다. 안

크고 작은 곳간채가 5채

채와 중문간채 사이에는 방앗간과 광으로 쓰이던 2칸 규모의 곳간채 2동이 나란히 위치해 있다.

  머슴으로, 마님으로 결혼생활 36년을 함께 해온 최재덕·손미자 부부와 마주했다. 함께 한 세월만큼 온화한 두 분의 모습은 무척 닮았다. 두 분은 2009년 어머니께서 돌아가시고 난 후부터 점점 훼손되는 고향집을 그냥 두고 볼 수 없어 주말이면 내려오신다. 숙명인지 뭔지 모르지만 힘들어도 해야 되는 일이기에 묵묵히 지키고 계신다. 정성들여 쓸고 닦고 관리하면서 문화재를 보는 안목도 달라졌다고 하신다. 선생은 "고택문화재는 당시의 건축문화와 집주인의 안목과 재화 등이 함께 어우러져 만들어낸 소중한 유산인데 정확한 고증을 통해 제대로 복원하고 수리해야 하는 것이 무엇보다 절실하다. 그리고 지자체의 무관심, 무책임, 건축 보수 관리의 잘못된 제도 등 바로잡아야 할 것이 한두 가지가 아니지만 소유자 역시 스스로가 주인 의식을 가지고 지키고 돌보는 것이 중요하다"고 말씀하신다. 주중에는 서울에서 원장님으로, 주말에는 보은 고향집 관리인으로 신생의 행복한 이중생활은 오늘도 계속되고 있다.

🏛 주변 고택

- **보은 최혁재 고가**(報恩 崔赫在 古家) : 충청북도 민속문화재 제16호, 충북 보은
  군 삼승면 거현송죽로 333-8
- **보은 최재한 가옥**(報恩 崔在翰 家屋) : 충북문화재자료 제44호, 충북 보은군
  삼승면 거현송죽로 301-5

📷 주변 명소

　우리나라 국토의 중심부에 위치한 충청북도 보은(報恩). 은혜를 갚는다
는 의미를 지닌 보은은 예로부터 조선팔경으로 손꼽히는 속리산과 충북
알프스(속리산과 구병산을 잇는 43.9km 구간) 등 수려한 자연 그대로의 청정지대를
품고 있는 풍요로운 땅이다.

- **보은 법주사**(報恩 法住寺, 사적 제503호, 충북 보은군 속리산면 법주사로 405) 속리산이 품고
  있는 보은 법주사는 553년(진흥왕 14)에 의신(義信) 조사가 창건하고, 법(法)
  이 안주할 수 있는 탈속(脫俗)의 절이라 하여 '법주사'라 이름을 붙였다.
  이후 776년 진표(眞表)와 영심(永深) 스님 대에
  중창을 하였으며, 사찰이 번성할 때는 60여
  동의 건물과 70여 개의 암자를 거느린 대찰
  이 되었다. 하지만 임진왜란으로 인해 사찰
  의 거의 모든 건물이 소실되어 1624년(인조 2)

보은 법주사

에 벽암(碧巖) 스님에 의해 또다시 중창을 하게 되었고, 현재 30여 동의 건물이 남아 있다.

- **보은 삼년산성**(報恩 三年山城, 사적 제235호, 충북 보은군 보은읍 성주1길 104) 보은 삼년산성은 470년(신라 자비왕 13)에 돌로 쌓은 산성으로, 3년간 쌓았다고 해서 '삼년산성'이라고 부른다. 이곳은 고구려, 신라, 백제 삼국의 패권 다툼이 심했던 국경의 요충지로 축성시기와 축성기간, 동원된 인력, 성곽전의 기록에 이르기까지 소상하게 알려진 유일한 고대산성이다.

- **보은 속리 정이품송**(報恩 俗離 正二品松, 천연기념물 제103호, 충북 보은군 솔리산면 상판리 17-3)과 **보은 서원리 소나무**(報恩 書院里 소나무, 천연기념물 제352호충북 보은군 장안면 서원리 49-4)

보은 삼년산성

보은 속리 정이품송

아산 성준경 가옥

(牙山 成俊慶 家屋)

오래된 나무들이 세월의
무게가 느껴지는 곳

도고산(道高山·482m)을 배산하고 완만한 경사지에 북향으로 고즈넉하게 자리 잡은 아산 성준경 가옥(牙山 成俊慶 家屋, 중요민속문화재 제194호, 충남 아산시 도고면 도고산로 587번길 73-21)은 경상도에서 현감을 지낸 성하현 선생(현 소유주)의 8대조께서 아버님을 모시기 위해 1825년(순조 25)에 지은 집이다. 성준경 가옥 주변은 세월의 무게가 느껴지는 나무들과 소나무 숲에 둘러싸여 있어 밖에서는 집이 잘 보이지 않는다. 수령이 400년이 넘는 은행나무 두 그루가 솟을대문을 대신하고 있고, 넓은 잔디밭을 지나면 사랑채와 바깥채, 행랑채, 중문간채, 안채와 곳간채가 아담하게 자리 잡고 있다. 충청도 지방의 다른 고택과 달리 다소 폐쇄적인 구조로 되어 있다.

성준경 가옥을 들어서면 솟을대문이 따로 없어 사랑채와 바로 마주한다. 막돌로 쌓은 3단 기단 위에 자리한 'ㄴ'자형 사랑채는 정면 4칸, 측면 2칸의 건물로 가운데 대청을 두고 좌우에 큰사랑방과 작은사랑을 배치했다. 큰사랑방 쪽을 뒤로 1칸 더 길게 내어 2칸 규모이고, 전면에

는 툇마루를 두어 이동하기 편리하게 했으며 작은사랑방 오른쪽은 쪽
마루를 설치했다. 하지만 지금 사랑채는 대대적인 공사가 진행 중. 기
둥 앞쏠림현상으로 해체 보수를 하고 있어 자세히 볼 수가 없어서 아쉬
웠다. 제 모습으로 당당히 서 있는 날 다시 한 번 찾아오리라.

사랑채와 안채 사이에 중문간채를 배치해 놓았다. 사랑채와 안채 사
이 중문간채가 있어 안채영역은 보기 드문 완벽한 'ㅁ'자형이다. 사랑채
뒤에 있는 사잇마당을 통해 중문간채를 들어서면 안채가 막돌 두벌대로
쌓은 기단 위에 아담하게 앉아 있다. 정면 5칸, 측면 2칸의 안채는 양쪽
에 날개채를 덧붙여 지어 'ㄷ'자형을 이루고 있다. 가운데 대청을 중심
으로 왼쪽에 윗방 아래로 안방과 부엌을 배치했고, 오른쪽으로 2칸 규
모의 건넌방과 아랫방, 아랫부엌을 두었다. 방 앞뒤로는 모두 쪽마루를
설치해 공간 이동이 편리하도록 했다. 특히 대청 오른쪽의 2칸 규모의
방은 중부지방의 안채에서 볼 수 있는 공간으로 조상을 모시고 제사를

위해 쓰이던 곳이다. 처음 안채로 들어서면 다소 협소해 답답한 느낌을
주지만 안채 뒤를 돌아가면 돌담으로 둘러싸인 넓은 후원과 뒷산까지
한 눈에 들어와 시야가 확 트인다. 성주현 선생에 따르면 예전에 이 동
네를 '동막골' '석적골'이라 부르던 기억이 어렴풋한데, 집 주변에 돌들
이 많아 그 돌로 담을 쌓은 것이라고 하신다.

안채 왼쪽으로 3칸 규모의 곳간이 있고, 오른쪽에는 초가로 된 4칸
규모의 바깥채가 있다. 그리고 담장 밖에 정면 2칸, 측면 1칸 규모의
'ㄱ'자형 행랑채가 아담하게 자리하고 있는데 예전에는 집 주변에 이런
초가가 7채 정도 더 있었다고 하신다.

아산으로 내려가기 전 지금도 현직에서 왕성하게 활동을 하고 계시는

안대청

창령성씨(昌寧成氏) 27대손인 성하현 선생께 전화를 드렸다. 일을 하고 계신 탓에 자주 고향집을 찾지 못할뿐더러 고향집을 지키지 못하는 것이 죄송스럽다고 하셨다. 대신 아우 성주현 선생을 만나 보라고 하셨다. 3년 전 도시생활을 접고 고향으로 내려와 집을 관리하고 계시는 성주현 선생의 안내를 받으며 집 곳곳을 돌아봤다. 8, 9대 조부께서 경상도에서 현감을 지냈는데 이곳에 어떤 연유로 정착하게 되었는지는 잘 모르지만 수령이 400년이 넘은 은행나무와 오래된 모과나무, 느티나무가 집 주변에 있는 것을 보면 이미 집이 있었던 터에 집을 지은 것으로 추측된다고. 그리고 집을 지을 당시 그리 높은 관직에 있지 못한 탓에 집

의 규모나 건축에 사용한 목재도 큰 것을 사용하지 못한 연유라고 설명하셨다.

성주현 선생은 집 주변을 소개해 주시며 몇 가지 당부의 말씀을 하셨다. "문화유산으로 지정된 집을 더 이상 훼손되지 않도록 유지시키고 더 많은 사람들이 둘러볼 수 있도록 하려면 지금 배정된 1명의 경상관리 인력으로는 너무 힘들다. 제대로 관리가 이뤄지려면 인력문제를 가장 먼저 해결해야 한다. 그리고 또 집에 갑자기 문제가 생겨 지방자치단체 담당부서에 상의를 해도 전년도 예산이 책정된 범위 내에서만 집행할 뿐 새로 발생한 문제점은 해결이 어렵다. 예를 들어 담장 보수나 가옥 훼손 상태를 상의하려고 해도 상급기관에 그 상태에 대해 보고만 할 뿐 어떠한 긴급한 조치도 취하지 못한다. 문화재 수리체계 절차에

대해 현실적인 제도 개선이 필요하다"고 하신다.

　초겨울의 길목에 선 계절이라 지금은 집 주변이 삭막하지만 봄부터 가을까지 푸른 숲과 어우러진 집 주변 풍경은 정말 아름답다고 하신다. 성주현 선생은 농과대학을 나오신 분답게 재래 야생화에 관심이 많

아 지금도 전국을 다니며 야생화를 구해 집 주변에 심어 놓았다. 집이
란 사람이 살면서 생활을 하여야 제대로 된 관리가 되고, 그 안에 함께
하는 이가 있을 때 한층 더 빛이 나는 법. 이렇게 사랑과 관심을 가지고
지키는 이가 있어 마음이 한결 가볍다.

🏛 주변 고택

• **윤보선 전 대통령 생가**(尹潽善 前 大統領 生家) : 중요민속문화재 제196호, 충남
아산시 둔포면 해위길 52번길 29

📷 주변 명소

  60~70년대 신혼여행지로 인기를 끌었던 충남 아산은 수도권 전철의
개통으로 더 가까워졌다. 아산은 아산만이 내륙 깊숙이 들어와 있어 이
곳으로 유입되는 삽교천, 안성천 하구에 삽교호와 아산호가 조성되어
일찍부터 농업이 발달했고, 외암마을·현충사·도고온천·아산온천·
삽교호 등 많은 관광자원을 보유하고 있다.

• **아산 외암마을** (牙山 外巖마을, 중요민속문화재 제236호, 충남 아산시 송악면 외암리) 설화산 기
슭 경사지에 위치한 외암마을은 약 500년전에 강 씨와 목 씨 등이 정
착하여 마을을 이루었다고 전한다. 조선 명종
때 장사랑을 지낸 이정이 이주해 오면서 예안
이씨가 대대로 살기 시작해 그 후 이정의 후손
들이 번창하고 많은 인재를 배출하면서 점차
양반촌의 면모를 갖추게 되었다. 현재 이 마을
에는 영암댁·참판댁·송화댁 등의 양반주택
과 50여 가구의 초가 등 크고 작은 옛집들이 상
당부분 원래 모습을 유지한 채 남아 있다.

아산 외암마을

• **아산 공세리 성당**(牙山 貢稅里 聖堂, 충남기념물 제144호, 충남 아산시 인주면 공세리성당길 10) 아산만방조제를 건너 나지막한 언덕 위에 자리 잡은 아산 공세리 성당은 1894년 프랑스 출신 드비즈 신부가 성당을 설립하고, 1897년에 사제관을 세웠으며, 1922년 고딕양식의 근대식 성당을 완성하였다. 350년이 넘는 보호수 3그루와 수백년 된 나무로 둘러싸여 있는 이 성당은 주위 경관이 매우 아름다운 천주교 성지로 손꼽힌다.

• **아산 봉곡사** (牙山 鳳谷寺, 아산시 송악면 도송로 632번길 138) 봉수산 동북계곡에 자리한 아산 봉곡사는 887년(진성여왕 1)에 도선국사가 '석가암'이라는 이름으로 창건한 천년고찰이다. 고려 때 보조국사 지눌에 의해 중창(1170년)되고, 이후 세종 때 함허화상에 의해 다시 중창되면서 6개의 암자를 거느릴 정도로 규모가 큰 절이었다. 1646년(인조 24)에 중창하였으며, 1794년(정조 18) 경헌과 각준이 중수하고 지금의 이름인 '봉곡사'로 고쳤다. 현재 봉곡사 대웅전 및 고방(鳳谷寺大雄殿및庫房, 충남문화재자료 제323호)을 비롯해 향각전, 삼성각 등 소박한 건물이 들어서 있다. 특히 봉곡사로 오르는 소나무 숲길은 국내 최고의 아름다운 사찰길로 손꼽힌다.

아산 공세리 성당

아산 봉곡사

영양 서석지

(英陽 瑞石池)

敬 亭

有事無忘助 臨深益戰兢惺惺須照管 毋若瑞巖僧

일이 있으면 돕기를 잊지 말고 심각한 일에 임해서는 더욱 싸워 이기며

깨닫고 깨달아 모름지기 밝히고 관통하여 중국 경정승 같이 되는 말지어다

− 석문 선생이 읊은 〈敬亭雜詠(경정잡영)〉 중에서 −

한국 정원의 조형을 품고

<u>영양군 입암면</u> 자양산(紫陽山) 남쪽의 완만한 기슭 아래, 한국 정원의 조형미를 품고 있는 영양 서석지(英陽 瑞石池, 중요민속문화재 제108호, 경북 영양군 입석면 서석지3길 16)는 성균관 진사를 지낸 석문 정영방(石門 鄭榮邦, 1577~1650)이 1613년(광해군 5)에 조성했다. 석문 선생의 할아버지는 정원충(鄭元忠), 친아버지는 정식(鄭湜), 양아버지는 정조(鄭澡), 어머니는 안동권씨(安東權氏)로 예천군 용궁면에서 태어나 우복 정경세(愚伏 鄭經世, 1563~1633)의 문하에서 성리학을 공부했다. 1605년 과거에 급제하였지만 당시의 혼란한 정치에 회의를 느껴 벼슬을 하지 않고 자연을 벗 삼아 은둔하며 학문 연구에 전념했다. 선생의 문집으로는《석문선생문집(石門先生文集)》《석문집(石門集)》이 있고, 목판본도 전해져 내려오고 있는데 이 문집은 정영방 사후 1821년(순조 21)에 편집 간행되었다.

입암면 연당리에 터를 잡은 석문 선생은 마을 전체를 정원으로 보고 내원(內院)과 외원(外苑)으로 구분했다. 연당리 입구 기암괴석 촛대바위를 '석문(石門)'이라 하고 외원으로, 내원은 연지를 중심으로 정자인 '경정(敬

亭)', 서재 '주일재(主一齋)', 수직사와 남문 등 건물을 앉혔다.

영양 서석지는 담양 소쇄원(潭陽 瀟灑園, 명승 제40호, 전남 담양군 남면 소쇄원길 17), 보길도 윤선도 원림(甫吉島 尹善道 園林, 명승 제34호, 전남 완도군 보길면 부황길 57)과 함께 우리나라 3대 정원으로 손꼽힌다. 보호수로 지정된 4백년이 넘은 은행나무가 서석지의 오랜 역사를 말해준다. 7월 연꽃 필 때 모습이 장관이라 하지만 조금 더 빨리 보고 싶었다. 때 이른 방문이라선지 너무나 고요하다. 사각문을 열고 들어선다. 연못에서 유유자적 노닐던 새들이 후드득 놀라 날아오른다.

먼저 경정으로 오른다. 반들반들 윤기가 흐르는 마루 바닥은 오랜 세월의 흔적을 그대로 머금고 있다. 6칸 대청에 좌우로 온돌이 2칸 있는 규모가 큰 정자다.(정면 4칸, 측면 2칸) 연지가 한 눈에 내려다보이는 경정

서까래에는 석문 선생이 서석지를 읊은 〈경정잡영(敬亭雜詠)〉이 걸려있다. 서재인 주일재, 연지가 한 눈에 내려다보인다. 가로 13.4m, 세로 11.2m, 깊이 1.3∼1.7m 'U'자형모양을 하고 있는 연지 안에는 여러 형상을 한 90여개의 서석이 물에 잠기기도 하고 드러나기도 한다. 서석지의 내원과 외원이 조화를 이뤄 주변에 있는 바위와 같은 모양의 크고 작은 바위들이 연지 안에서도 화를 이루고 있다. 연지 주변은 석축으로 쌓고 동북쪽 물이 들어오는 곳을 읍청거(揖淸渠)라 하고 맞은편 물이 나가는 곳을 토예거(吐穢渠)라 했다. 주일재 앞에는 동서로 4.5m, 남북

으로 3m의 단을 연못 안쪽으로 축조한 '사우단(四友檀)'이 있는데 이곳에 매, 난, 국, 죽 네 벗을 심어 놓았다. 석문 선생은 이 연지에 유난히 흰 암석을 배치하고 '상서로운 돌'이라는 뜻으로 '서석(瑞石)'이라 부르고 이름 없는 돌 하나하나에도 이름을 지어 주었다. 이 〈경정잡영〉은 옥계척(玉界尺), 낙성석(落星石), 통진교(通眞橋), 선유석(仙遊石), 기평석(碁枰石), 희접암(戱蝶巖), 어상석(魚狀石), 옥성대(玉成臺), 조천촉(調天燭) 등 돌들의 형상에 따라 이름을 붙인 19개의 돌들을 시적으로 표현해 놓았다. 옥계척에서 통진교를 거쳐 선유석까지 이어지는 축은 경정에서 신선 세계로 건너가는 과정을 보여주고 있으며 선유석은 신선이 노니는 돌, 기평석은 신선이 바둑을 두는 장소를 의미한다. 난가암(爛柯巖)은 도끼 자루 썩는 바위, 탁영반(濯纓盤)은 갓끈 씻는 바위, 화예석(花蕊石)은 꽃과 향초의 바위, 희접암은

나비와 희롱하는 바위, 조천촉은 하늘과 어우러지는 촛불 바위 등 돌 하나하나에 석문 선생의 학문과 인생관은 물론 은거생활의 이상적 경지와 자연의 오묘함과 아름다움을 찬양하고 심취하는 심성을 잘 나타내고 있다.

한 가지 뜻을 받는 곳, '주일재(主一齋)'는 정면 3칸, 측면 1칸의 온돌과 마루로 구성된 건물로 서재로 사용했으며, 경정 뒤로는 수직사 두 채를 두어 생활에 불편이 없도록 했다. 아직도 이곳에는 디딜방아며 구유가 그대로 남아있다.

서석지를 관리하고 있는 정수용 선생. 약속시간보다 일찍 도착해 이 곳저곳 돌아보고 있는데 오셨다. 경정이며, 주일재, 연지 그리고 수직사까지 일일이 문을 열어 다 보여주시고 설명해 주신다. 70년을 넘게 이곳에서 살고 있지만 언제 봐도 아름다운 곳이라고 하신다. 지금은 한가하지만 연꽃이 피는 7월이 되면 주말마다 아름다운 풍광을 보기위한 사람들을 실은 수십 대의 관광버스가 줄을 선다고 하신다. 멀리서 왔으니 연당마을도 한번 둘러보라시며 나지막한 토담길이 나 있는 골목으로 성큼성큼 앞장서서 걸어가신다. 마을에 있는 다른 고택들도 일일이 보여주시고 설명까지 해 주셨다.

오랜 세월이 지난 지금도 변함없이 그 자리를 지키며 있는 서석지에서의 하루, 오랜만에 외갓집 같은 푸근함을 듬뿍 느끼게 했다. 아마 오래도록 기억될 것 같다. 연지 가득 연향이 퍼지는 여름날, 노란 은행잎이 연지 가득 내려앉는 가을날 꼭 다시 한 번 오고 싶다.

🏛 주변 고택

- **호은 종택**(壺隱 宗宅) : 경북 기념물 제78호, 경북 영양군 일월면 주실길 27
- **석계 고택**(石溪 古宅) : 경북·민속자료 제91호, 경북 영양군 석보면 두들마을길 77

📷 주변 명소

'육지 속의 섬'이라 불리는 영양은 내륙 깊숙이 자리 잡고 있다. 태백산의 남쪽 끝에 위치한 일월산(1,219m)과 낙동강의 지류인 반변천을 끼고 있는 영양은 '서리는 흔하고 햇빛은 귀한 곳'이라고 한다.

- **두들마을**(경북 영양면 석보면 원리리)　조선 시대 광제원(廣濟院, 질병치료시설)이 있었던 두들마을은 석계 이시명(石溪 李時明, 1590~1674)이 1640년에 들어와 집을 짓고 살기 시작한 재령이씨 집성촌으로 수백 년 된 고택이 잘 보존되어 있다. 두들마을은 한글 최초의 음식조리서 '음식디미방'을 쓴 장계향(張桂香, 1598~1680), 현대문학의 거장 이문열의 고향으로 이미 유명세를 타고 있다. 이 마을에는 30여 채의 고택을 비롯해 이문열의 광산문학연구소, 음식디미방 체험관, 안동장씨 예절관 등이 있어 체험객이 많이 찾고 있다.

영양 두들마을

• **주실마을**(경북 영양군 일월면 주곡리) 지훈 조동탁(芝薰 趙東卓, 1920~1968) 시인의 예술혼이 살아 숨 쉬고, 전통문화가 잘 보존되어 있는 주실마을은 한양조씨 집성촌으로 실학자들과의 교류와 개화기 서양 문물을 빨리 받아들였고, 일제강점기 때부터 지금까지 양력설을 쇠고 있다. 마을길을 따라 올라가면 지훈문학관, 지훈시공원, 시인의 숲 탐방로가 있다.

• **영양 산해리 오층모전석탑**(英陽 山海里 五層模塼石塔, 국보 제187호, 경북 영양군 입암면 산해리 391-5) 영양 산해리 오층모전석탑은 반변천이 흐르는 강가의 밭 가운데에 서 있는 탑으로, 이 마을을 '봉감(鳳甘)'이라고 부르기도 하여 '봉감탑'이라 이름 붙여졌다. 벽돌모양으로 돌을 다듬어 쌓아올린 모전석탑은 1층의 기단에 5층의 탑신을 올렸다. 기단의 모습과 돌 다듬은 솜씨로 보아 통일 신라 시대에 세워진 것으로 추정되는 이 탑은 높이 약 9m, 아래 기단 탑신의 폭 3.34m로 이 탑은 근래에 수리되어 내부와 기단 구조가 완전히 파악되었으며, 원형을 잘 보존하고 있다.

영양 주실마을

영양 봉감모전오층석탑

진접 여경구 가옥

(榛接 呂卿九 家屋)

민속촌이 없을 당시
사극이나 영화촬영을 했던 곳

남양주 태묘산(태봉, 胎峯) 자락 원내곡마을 가장 높은 곳에 자리 잡은 진접 여경구 가옥(榛接 呂卿九 家屋, 중요민속문화재 제129호, 경기도 남양주시 진접읍 금강로 961번길 25-14)은 고(故) 여경구 씨의 장인인 연안이씨(延安李氏) 이덕승의 8대조가 약 250여 년 전에 건립했다고 전해지는 집이다. '연안이씨 동관댁'이라고도 불리는 이 집은 경사진 지형을 이용해 배치한 대문채 · 사랑채 · 안채 · 사당이 비교적 옛 모습을 그대로 간직하고 있고, 조선 후기 이 지역 사대부가의 건축 기법을 잘 보여주고 있다. 특히 사랑채와 안채가 앞뒤로 배치된 일반적인 구조를 따르지 않고 마을을 향해 옆으로 나란히 지었으며 안채는 'T'자형의 독특한 구조로 공간 구성을 하고 있다.

가파른 길을 올라 대문채에 들어서면 넓은 사랑마당 너머 잘 다듬어진 큼직큼직한 기단 위에 당당한 모습으로 서 있는 사랑채와 그 옆으로 길게 'L' 자형 광채가 있다. 사랑마당에 서면 여기까지 올라온 수고가 헛되지 않을 만큼 시원하게 탁 트인 전망이 다시 한 번 감탄을

자아내게 만든다. 집 뒤로는 고목들이 호위하듯 둘러 서 있고, 앞으로는 마을과 굽이굽이 흐르는 왕숙천(王宿川) 너머 들판까지 한 눈에 들어온다.

  정면 4칸 반, 측면 1칸 반 규모의 '一'자형 사랑채는 사랑방, 대청, 작은방으로 구성되어 있다. 앞쪽으로 반 칸의 툇마루를 설치하고 뒤쪽으로는 쪽마루와 벽장을 두었다. 대문채는 솟을대문을 가운데 두고 외양간과 행랑방을 좌우에 배치했다. 사랑채 맞은편에 헛간채가 있었다고 전해지지만 지금은 남아있지 않다.

앞마당을 중심으로 배치한 'L'자형 광채의 중대문을 통해 들어가면 먼저 내외벽이 방문객의 옷매무새를 가다듬게 만든다. 물론 안채에서도 잠시나마 손님맞이 채비를 할 여유가 생기게 될 터이고. 사랑채와 마찬가지로 높은 기단 위에 독특하게 'T'자형 구조로 설계된 안채가 자리하고 있다. 생각보다 기단이 높아 어른들이 오르내리기 힘들겠다는 생각이 든다. 정면 7칸, 측면 1칸 안채는 가운데 넓은 대청을 사이에 두고 왼쪽에는 건넌방을, 오른쪽으로는 안방, 안방에 연이어 2개의 방과 광을 연결했다. 그리고 안방 앞으로 돌출된 넓은 부엌을 두었다. 대청 앞으로는 툇마루를 두어 건넌방과 연결되게 하고, 안방과 이어지는 작은방 앞으로는 쪽마루를 설치해 다니기 편리하도록 했다.

사랑채와 안채 사이에 자리한 광채는 꺾이는 모서리에 안채로 출입하는 중대문을 두었고, 안채와 사랑채가 만나는 부분에 또 하나의 통로인 협문을 설치해 중대문을 통하지 않고도 안채로 바로 들어갈 수 있도

우ㅡ안대청에서 바라본 안마당
좌ㅡ사랑채

록 했다. 사랑채 쪽으로는 2개의 큼직한 광을 두고 사랑채에서 사용할 수 있도록 고려했고, 안채 정면에 외양간과 광, 뒷간을 배치해 안채에서 사용할 수 있도록 했다. 부엌 동쪽으로는 조그만 뒤뜰과 우물이 있어 안살림을 하는 데 편리하도록 했다. 사당은 사랑채 뒤편 한단 높은 곳에 따로 세웠고, 2칸 규모의 사당 좌우 벽은 꽃벽으로 장식해 놓았다. 벽이 허물어져 보수를 하면서 예전의 아름다웠던 그 모습을 살리지 못해 아쉬움이 남지만 이것 또한 이 집안의 역사로 남게 되리라. 사랑마당과 안마당은 앞면이 터져 있어 전망이 시원하도록 별도의 정원은 꾸미지 않고 안채 뒤꼍은 경사진 지형을 이용해 화단을 만들어 우리 꽃을 심어 놓았다.

사당 꽃벽

진접으로 가기 전 먼저 서울 북촌에서 신경정신과 병원을 운영하고
있는 고(故) 여경구 씨의 차남 여인중 선생을 만났다. 선생은 외가댁에
대한 기억은 그리 많지가 않아 집안 내력에 대해서도 자세히 알지 못하
지만 외할아버지께서는 딸만 있고 아들이 없어서 맏사위인 아버지께 이
집을 물려주셨다고 한다. 어렸을 때 외할아버지 댁에 놀러갔던 기억과
민속촌이 없을 당시 사극이나 영화촬영을 했던 기억이 어렴풋하게 남아
있다고 하셨다. 하지만 언젠가는 그곳에 머물면서 고향 같은 푸근함을
느끼게 될 것이라고. 선생께서는 청소년 관계 일을 많이 하고 있기 때

문에 노후에는 그곳에서 내려가 청소년 학교나 청소년 관련 프로그램을 기획해서 운영하고 싶고 그리고 그 무엇으로도 도저히 살 수 없는 선조의 숨결이 담겨있는 이런 집을 남겨주신 것에 감사하다고 하셨다.

지난번에 방문했을 때는 보수를 한다고 여기저기 250년의 역사를 고스란히 드러낸 채 어수선하더니 이번엔 말끔하게 단장을 끝내고 당당하게 제 모습을 다 보여주고 있었다. 세월의 흐름을 그대로 간직하고 있는 진접 여경구 가옥은 대문을 활짝 열어놓고 묵묵히 자신을 지키며 진정한 가치를 알고 다시 찾아 줄 주인의 따뜻한 손길을 기다리고 있다.

🏠 주변 고택

• **궁집** (흥집) : 중요민속문화재 제130호, 경기 남양주시 평내로 9

📷 주변 명소

　서울과 한강을 사이에 두고 맞닿아 있는 곳, 경기 남양주는 상수원보호구역, 군사보호구역 등 각종 규제에 묶여 쾌적한 자연을 간직하고 있다. 천마산·축령산·서리산·운길산 등 사방이 산으로 둘러싸여 있고, 시 전체 주요 지역을 연결하는 산책 코스인 13개 다산길 169㎞를 정비해 놓아 가까운 나들이를 원하는 사람들에게 좋은 휴식처가 되고 있다.

• **국립수목원** (경기 포천시 소홀읍광릉수목원로 415) 국립수목원으로 조성된 '광릉숲'은 540여년 동안 훼손되지 않고 잘 보전되어온 곳으로, 조선 세조가 생전에 이곳을 둘러보고 자신의 능터로 정해 놓았고, 세조가 승하하자 왕릉을 조성한 뒤 주변 숲을 왕릉의 부속림으로 지정해 조선말까지 철저하게 외부로부터 보호되었다. 1983년 수목원과 산림박물관을 조성하기 시작해 1987년부터 일반인들에 공개하기 시작한 수목원은 1999년 '국립수목원'으로 정식 개원했다. 국립수목원은 1,100㏊의 자연림과 100㏊에 이르는 공간에 전문전시원, 산림박물관, 산림생물표본관, 산림동물원, 난대온실, 열대식물자원

연구센터 등으로 구성되어 있다. 특히 우리나라 최대의 생물다양성의 보고인 광릉숲은 세계적으로도 그 가치를 인정받아 2010년 6월 유네스코 생물권보전지역으로 지정되었다.

- **남양주 봉선사**(奉先寺, 경기도 남양주시 진접읍 봉선사길 32) 남양주시 진접읍 운악산 기슭에 자리 잡은 남양주 봉선사는 969년(광종 20) 법인국사(法印國師) 탄문(坦文)이 창건하고 '운악사'라 불렀으나 1469년(예종 1) 정희왕후 윤씨(貞熹王后 尹氏)가 세조를 추모하고 명복을 비는 자복사로 중창해 '봉선사'라 했다. 봉선사 동종(南陽州 奉先寺 銅鐘, 보물 제397호)을 비롯해 남양주 봉선사 비로자나삼신괘불도 (南楊州 奉先寺 毘盧遮那三身掛佛圖, 보물 제1792호) 등 귀중한 문화재와 개건당(開建堂)·방적당(放跡堂)·운하당·범종각·청풍루(淸風樓)·요사채 등이 있다.

- **남양주종합촬영소**(경기도 남양주시 조안면 북한강로 855번길 138) 남양주시 조안면 삼봉리에 위치하고 있는 남양주종합촬영소는 1,323,113㎡(약 40만 평)의 부지에 영화촬영용 야외 세트와 규모별로 다양한 6개의 6실내 촬영스튜디오 그리고 녹음실, 각종 제작 장비 등을 갖춘 아시아 최대 규모의 영화 제작 시설이다.

남양주 봉선사

남양주종합촬영소

청송 청운동 성천댁

(靑松 靑雲洞 星川宅)

松栢鬱乎蒼蒼烟霞　소나무 잣나무 울울창창하고 연기와 노을이 어슴푸레 덮여 있어

其靄靄淸幽一洞依然仙境者乃靑松也　맑고 그윽한 한 고을이 신선 세계 그대로이니 이곳이 바로

청송이구나!

— 관찰사 홍여방(洪汝方)이 지은 찬경루 기문 中에서 —

맑고 그윽한 고을이
신선 세계 그대로

<u>경북 청송군</u> 청운마을에 옛 모습을 고스란히 간직하고 있는 청운동 성천댁(靑雲洞 星川宅, 중요민속문화재 제172호, 경북 청송군 청송읍 서당길 12)을 찾아간다. 가을빛으로 이미 물들기 시작한 황금들녘은 가을걷이로 분주하다. 살부채를 펴놓은 형국인 청운마을은 31번 국도가 마을을 관통하고 있으며, 마을 앞에는 용전천(龍纏川)이 흐르고 뒤로는 나지막한 산자락이 마을을 포근히 감싸 안고 있다. 멀리 하천과 앞산이 굽어보이는 좋은 자리에 터를 잡고 있는 청운동 성천댁은 조선 고종 때 행장능참봉(行莊陵參奉)을 지낸 예천임씨(醴泉林氏) 임춘섭(林春燮, 1872~1931)이 구입해서 예천임씨 집안에서 거주해 오다가 1997년 신창석(申昌錫, 1957년생) 교수가 매입했다. 이 집의 정확한 건립연대는 알 수는 없지만 200여 년 전에 건축된 가옥으로 추정하고 있다. 집의 택호는 보통 이 댁으로 시집온 사람의 출신지명에 따라 붙이게 되는데 임춘섭이 집을 소유한 이후 성천에서 이 댁으로 출가해 온 기록을 찾아볼 수가 없어 이 택호는 그전부터 불리던 것이 그대로 이어졌거나 문화재 지정 당시 이곳에 살던 할머니의 택호를 사용했다고 본다.

　골목길로 접어들자 집을 에워싼 토석담장과 초가로 된 대문채가 보인
다. 주변의 변화에도 아랑곳하지 않고 꿋꿋하게 옛 모습을 그대로 지키
고 서 있다. 청운동 성천댁은 너른 앞마당을 사이에 두고 대문채와 본
채를 앉혔다. 대문채는 정면 3칸, 측면 1칸의 '一'자형 초가로 경사진
면을 그대로 이용해 자연석으로 기단을 쌓았다. 우측부터 대문칸, 마루
방, 온돌방을 배치했다.

　본채는 정면 4칸, 측면 3칸의 'ㅁ'자형 구조인데 사랑방 뒤 웃사랑방
과 부엌이 외부로 돌출되어 있다. 이런 형식은 청송지방에서 볼 수 있
는 배치방식이며, 강원도 남부지방의 9칸 똬리집과 거의 흡사하다. 추
위와 맹수로부터 보호하고 외양간, 고방, 부엌 등 집안에 모든 것을 둔

폐쇄적인 구조이다. 본채로 들어갈 때는 사랑방과 외양간 사이로 난 출입문을 통하게 되는데 주로 남자나 외부인들이 드나들었고, 부녀자들은 부엌 쪽으로 난 문을 사용했다.

　본채는 2칸 대청을 중심으로 안방과 웃방, 사랑방과 웃사랑방을 서로 마주하게 배치해 남녀의 공간을 구분했다. 사랑방은 1칸 반 규모의 큰사랑과 외부로 돌출된 1칸 웃사랑방이 있다. 사랑으로 출입하는 외부인들은 본채로 들어오지 않고도 마당 쪽으로 나 있는 쪽마루를 통해 바로 사랑방으로 출입할 수도 있다. 안방과 웃방은 각각 1칸 규모이고 안방 앞쪽으로는 쪽마루를 두어 출입이 편리하도록 배려했다. 외부로 반

아주 작은 안뜰이 있는 안채

칸 성도 돌출되어 있는 부엌은 집 규모에 비하면 상당히 넓다. 부엌과 나란히 고방과 외양간을 배치했는데 특히 외양간은 높이를 상하로 나눠 아래는 소를 먹일 수 있는 공간으로, 상부는 물건을 저장할 수 있게끔 해서 효율적인 공간 활용을 하고 있다.

본채에 들어서면 한 평도 안 되는 안뜰과 그 위로 보이는 작은 하늘이 이채롭다. 일명 '한 칸의 뜰집'이라 불리며, 아주 작은 안마당을 가지고 있다. 안뜰은 봉당보다 약간 낮고 경사지게 만들고, 자연석으로 테두리를 두르고 바닥에는 작은 돌을 깔아놓았다. 두 뼘 정도 작은 하늘에서 떨어지는 빗물을 받아 작은 연못으로 변했다가 구멍을 통해 외부로 배

출한다. 안채는 높게, 부엌과 외양간은 조금 낮게, 전후좌우 건물 높이
차이를 두고 설계해 처마선이 서로 맞닿을 듯 가까이 있지만 작게 뚫린
지붕사이로 들어오는 빛은 최대한으로 끌어들였다. 좁은 틈으로 들어온
환한 빛은 시간대에 따라 그림자를 만들기도 하고 방을 밝히기도 한다.

　신창석 교수는 대구 가톨릭대학교 철학과 교수로 재직 중이며 ⒮한국
고택문화재소유자협의회 부회장으로 계신다. 신 교수는 초등학교 4학
년 때까지 평산신씨(平山申氏) 신숭겸(申崇謙, ?~927)의 31세손인 신치학(申致鶴)

이 1700년대에 건립한 청송 사남고택(靑松 泗南古宅, 경북 청송군 파천면 중들2길 26)에
살다가 대구로 유학을 했다. 어렸을 때부터 고택에서 생활했던 익숙함
이 15년 전 친구로부터 이 집을 매입하게 된 것은 아니었을까 싶다.

　신창석 교수의 안내를 받으며 대청으로 오른다. 처마선이 드리워져
한없이 작아 보이는 하늘이지만 지붕선 너머로 더욱 높아진 파란 가을
하늘과 흰 구름, 가을빛을 머금은 나무가 그림처럼 걸려있다. 자귀로

거칠게 다듬은 빈지널로 이루어진 벽체, 채광을 위한 벽을 뚫어 창틀 없이 창호지만 여러 겹 바른 봉창은 옛 집에 대한 친근감을 더해 주고 눈길을 머물게 한다. 마루 곳곳에 깊이 파인 홈은 이곳이 길쌈동네라서 길쌈을 매던 흔적이라고. 그것은 우리 어머니들이 질곡의 삶을 살아온 상흔들이었다.

청운동 성천댁은 올해 말부터 대대적인 수리에 들어갈 예정이다. 많은 사람들이 고택에서 머물며 우리 전통문화를 체험한 수 있는 명품고택(한국관광공사 선정)으로 거듭나게 될 것이다. 세월의 흔적이 켜켜이 내려앉은 고택에서 그들만이 간직한 사연을 들으며 하룻밤! 그 날을 기약해 본다.

🏛 주변 고택

- **송소 고택**(松韶 古宅) : 중요민속문화재 제250호, 경북 청송군 파천면 송소
  고택길 15-2)

- **청송 평산신씨 판사공파 종택과 분가 고택**(青松 平山申氏 判事公派 宗宅과 分家 古宅) : 중
  요민속문화재 제282호, 경북 청송군 파천면 중들2길 16

📷 주변 명소

- **청송 주왕산**(青松 周王山, 경북 청송군 부동면 상의리 산24) 설악산, 월출산과 함께 우리
  나라 3대 암산(巖山)으로 손꼽힌다. '석병산' '영남의 소금강' '주방산' 등
  주왕산을 일컫는 이름도 많고, 기암괴석마다 수많은 전설이 얽혀 있
  다. 암벽으로 둘러싸인 크고 작은 산들이 병풍처럼 이어진 주왕산은
  기이하게 생긴 암반과 깊은 계곡 사이로 흐르는 폭포수와 맑은 물이
  보는 이로 하여금 탄성을 자아내게 한다. 신라
  문무왕 때 창건된 대전사(大典寺) 뒤에 웅장한 깃
  발바위, 기암(旗岩)을 비롯해 주방천 좌우로 도열
  해 있는 주왕의 아들딸이 달구경을 했다고 하
  는 망월대, 청학과 백학이 둥지를 틀고 살았다
  는 학소대, 떡을 찌는 시루를 닮았다기보다는
  인자한 할아버지 모습을 한 시루봉, 앞으로 넘
  어질 듯 높게 솟아오른 급수대 등 기암괴석이

주왕산국립공원

여행객의 발걸음을 멈추게 한다.

• **신성계곡**(薪城溪谷, 경북 청송군 안덕면 신성리 656) 청송군 안덕면 낙동강 상류지역에 자리한 신성계곡은 청송8경 중 제1경으로 손꼽힐 만큼 아름다운 계곡이다. 바위 절벽위에 세운 방호정(方壺亭, 경북민속자료 제51호)은 1619년(광해군 11) 청송 출신 학자 방호 조준도(方壺 趙遵道, 1576~1665)가 어머니 안동권씨를 기리고 학문을 논하기 위해 세운 정자이다. 또한 인적이 드문 한적한 곳에 자연이 빚어낸 새하얀 암반, 백석탄(白石灘, 지질학적으로는 포트홀 – pot hole)은 오랜 세월에 깎이고 물살에 다듬어진 기기묘묘한 모습으로 약 7,000만년 전 용암이 빠르게 흐르다 굳어진 것이라 한다.

• **청송 소헌공원**(昭憲公園, 경북 청송군 청송읍 금월로 269) 청송군청 앞 용전천이 굽이쳐 흐르는 곳에 지역주민의 문화공간이자 2011년 사적공원으로 지정된 소헌공원이 있다. 조선 시대 세종대왕비 소헌왕후 심씨의 시호를 따서 '소헌공원'이라 한 이 공원 내에 1428년(세종 10)에 지청송군사(知靑松郡事) 하담(河澹)이 지은 운봉관(雲鳳館, 경북유형문화재 제252호)과 찬경루(讚慶樓, 경북유형문화재 제183호)가 옛 모습을 지키고 있다.

신성계곡 백석탄

청송 소헌공원

마당 넷

시간이 멈춘 우리 전통마을

고성 왕곡마을

(高城 旺谷마을)

문화재는 단순히 눈으로만 보고
끝나는 것이 아니다

<u>시간이 멈춘 듯</u> 전통의 향기를 고스란히 품고 있는 고성 왕곡마을을 찾아간다. 동해안을 따라 길게 뻗어있는 낭만가도, 7번 국도에서 1km 정도 내륙으로 들어간 곳에 마을이 형성되어 있지만 산이 가리고 있어 마을이 잘 보이지도 않는다.

고성 왕곡마을(高城 旺谷마을, 중요민속문화재 제235호, 강원도 고성군 왕곡면 오봉리)은 마을 동쪽은 골무산(骨蕪山), 남동쪽은 송지호, 남쪽은 호근산(湖近山)과 제공산(濟孔山), 서쪽은 진방산(唇防山), 북쪽은 오음산(五音山) 등 다섯 개의 봉우리가 서로 겹치듯이 둘러싸고 있는 분지에 자리 잡고 있다. 왕곡마을은 산으로 둘러싸이고 호수로 막혀 있는 지형적인 특성으로 지난 수백 년간 전란의 피해가 없었고, 한국전쟁과 근래 고성지역에서 발생했던 대형 산불에도 전혀 화를 입지 않았다. 외부와의 왕래가 쉽지 않았던 이런 여건이 오히려 수백 년간 전통을 이어갈 수 있게끔 만들었다.

1988년 '전통건조물 보존지구 제1호'로 지정된 왕곡마을은 600년의

긴 역사를 간직하고 있다. 고려 말 공신이었던 양근함씨(楊根咸氏) 함부열

(咸傅烈, 1363~1442)이 조선 건국에 반대하여 간성 지역에 낙향했고, 그의 손

자 함영근이 이곳에 정착했다. 이후 강릉최씨(江陵崔氏)가 들어오면서 왕

곡마을은 함씨와 최씨의 집성촌을 이루게 되었다. 임진왜란으로 폐허가

되기도 했었지만, 현재는 19세기 전후에 지어진 북방식 전통가옥 50여

채가 마을 중심으로 흐르는 개울을 따라 자연스럽게 형성되어 있다. 기

와를 올려놓기도 하고 짚을 엮어서 올려놓은 돌담을 따라 마을 안으로

들어가 보면 마치 시간여행자가 된 듯하다.

대문이 없는 왕곡마을 초가집

　　왕곡마을의 가옥은 따뜻한 햇볕을 충분히 받을 수 있도록 남향 또는
남서향으로 자리 잡고 있다. 가옥과 가옥 사이에는 비교적 넓은 텃밭이
형성되어 있어서 별도의 담장 없이 이를 경계로 가옥들이 자연스럽게
배치되어 있다. 대부분 가옥들은 앞쪽에 담이나 대문을 설치하지 않아
햇볕이 잘 들고, 겨울에 눈이 많이 내려도 출입이 용이하도록 했으며
뒤편으로는 돌담이나 산죽으로 울타리를 설치해 차가운 북풍을 막아줄
수 있도록 했다. 이곳 대부분의 가옥은 남부지방 가옥들과 달리 안방과
사랑방, 마루와 부엌을 한 건물 내에 나란히 배치한 북방식 전통가옥으
로 'ㄱ'자형 겹집구조를 갖추고 있다. 특히 마루는 외부로 노출시키지
않고 창호문과 벽체로 둘러싸인 건물 내부, 방들 앞쪽에 배치했고, 부
엌 앞쪽으로는 마구간을 덧붙여 겨울이 춥고 긴 산간지방의 생활이 편
리하도록 했으며, 가옥의 기단도 높여 많은 적설량에 대비하였다. 안방

의 난방은 부엌에서 할 수 있도록 아궁이를 시설하였지만, 사랑방은 측면 벽에 별도로 지붕을 달아내어 편하게 난방 할 수 있는 공간을 만들어 놓았다. 또 집집마다 굴뚝모양이 다르고 특이하게도 굴뚝 위에 항아리를 엎어놓은 모습을 볼 수 있다. 진흙과 기와를 한 켜씩 쌓아 올리고 항아리를 엎어 놓아 굴뚝을 통해 나온 불길이 초가에 옮겨 붙지 않도록 하고 열기는 집 내부로 다시 들어가도록 하기 위해서다. 이곳에는 겨울철에 눈이 많이 내리기 때문에 지붕에 쌓이는 눈으로부터 건물을 보호하기 위해 전면보다 배면의 서까래 직경이 더 굵고, 지붕 내부는 결로현상을 방지하기 위해 천장에 반자를 시설하지 않고 산자를 엮은 채로 서까래가 그대로 드러나게 지었다.

함정균 가옥 측면

왕곡마을에서 북방식 전통가옥의 특징을 잘 갖추고 있는 고성 함정균 가옥(高城 咸丁均 家屋, 강원문화재자료 제78호, 강원 고성군 죽왕면 왕곡마을길 52)은 19세기 중엽에 지은 집이다. 정면 4칸, 측면 2칸 규모로 정면에 2칸에는 마루가 있고 그 뒤에 안방을 두었으며 측면에 사랑방과 고방이 있는 북부지방의 전형적인 모습을 띠고 있다. 본채 오른쪽에 있는 사랑채는 사랑방 옆면에 아궁이가 있고, 고방과 사랑방 사이의 벽을 바깥쪽으로 연결해 지붕을 덧달아 헛간으로 사용하고 있다. 본채 뒤쪽에 툇마루가 있고 마루 양쪽 끝에는 하부는 뒤주, 상부는 두 짝 여닫이문을 단 벽장이 있고, 대청마루 안에 뒤주를 설치해 놓았다.

한편 왕곡마을의 가옥은 외지인에는 팔 수 없도록 규정해 놓았다. 대신 문화재청이 가옥을 매입해 이곳에서 전통문화를 체험할 수 있는 공간으로 활용하고 있다. 현재 8채의 전통가옥, 기와집인 작은 백촌집, 큰 상나말집, 한고개집, 초가집인 큰 백촌집, 성천집, 진부집, 한고개 행랑채, 갈벌집 등에서 숙박체험이 가능하고, 전통생활을 체험하도록 새끼 꼬기, 짚신 만들기, 디딜방아 체험 등 다양한 옛 생활체험프로그램을 마련해 놓았다. 문화재는 단순히 눈으로만 보고 끝나는 것이 아니라 직접 온몸으로 체험할 수 있도록 기존의 프로그램을 더욱 확장 및 보강해서 진행하고 있다. 전통가옥 체험을 기본으로 마을의 농경생활과 의식주를 경험해 볼 수 있는 생활체험에 전통놀이, 예술, 교육 체

문간채와 안채로 향하는 중으문

험 등이 보강되어 보다 폭넓게 전통 문화와 문화재를 접할 수 있도록 하였다.

고성 왕곡마을은 독특한 북방식 가옥으로 북부지방의 긴 추위를 이겨낸 선조들의 생활지혜와 옛 우리 문화를 한꺼번에 만나볼 수 있으며,

마을 주변의 각종 문화재와 자연경관을 동시에 즐길 수 있는 전통문화의 집합소라 할 수 있다. 가을은 점점 깊어져가고 있다. 어디론가 여행을 계획하고 있다면 우리 전통문화를 즐길 수 있는 왕곡마을을 추천하고 싶다.

🏠 주변 고택

• **고성 어명기 가옥**(高城 魚命驥 家屋) : 중요민속문화재 제131호, 강원 고성군 죽왕면 봉수대길 131-7

📷 주변 명소

동해안 최북단, 북한과 맞닿은 땅 고성은 금강산과 설악산이 품고 있어 산, 바다, 호수, 계곡 등 자연풍광이 수려하다.

• **고성 청간정**(高城 清澗亭, 강원유형문화재 제32호, 강원 고성군 토성면 동해대로 5110) 관동팔경의 하나로 손꼽히는 고성 청간정을 오른다. 설악산에서 흘러내리는 청간천과 푸른 동해가 만나는 곳 나지막한 구릉 위에 아담하게 서 있다.

• **송지호**(松池湖, 강원 고성군 죽왕면 오봉리) 1977년 국민관광지로 개발된 송지호는 겨울철새인 천연기념물 제201호 고니와 청둥오리 등 철새의 도래지이며 많은 어족과 갯조개가 서식하고 있어 생태계의 보고이다. 송지호 입구에 철새들을 관찰할 수 있는 송지호 철새 관망타워가 있다.

고성 청간정

송지호

• **고성 건봉사**(高城 乾鳳寺, 강원도 기념물 제51호, 강원 고성군 거진읍 건봉사로 723) 520년(법흥왕 7)에 아도화상(阿道和尚)이 금강산 남쪽 명당을 찾아 이곳에 '원각사(圓覺寺)'라는 이름으로 창건한 절로, 그 뒤 758년(경덕왕 17)에 발징화상(發徵和尚)이 중수하였다. '건봉사'라는 이름은 절 서쪽에 봉황모양으로 생긴 바위가 있어 '서봉사(西鳳寺)'라 부르다가 1358년(공민왕 7)에 나옹화상(懶翁和尚)이 중수하면서 '건봉사'라 개칭하였다.

고성 건봉사

보성 강골마을

(寶城 江谷마을)

마을 사람들의 소통 공간

　　　　　生命이 살아 숨 쉬는 갯벌이 끝없이 펼쳐진 득량만과 오봉산 자락에 자리 잡은 전라남도 보성 강골마을(寶城 江谷마을)은 우리 전통의 멋을 지키며 현재를 살아가는 사람들이 모여 오순도순 정을 나누며 살고 있다. 1937년 방조제가 놓이기 전에는 마을 앞까지 바닷물이 들어와 '강골(江谷)'이란 이름을 붙였으며 '강동(江洞)'이라고도 부른다. 이 마을은 11세기 중엽 양천허씨(陽川許氏)가 처음 터를 잡은 뒤, 원주이씨(原州李氏)를 거쳐 16세기 말에 광주이씨(廣州李氏)가 들어와 정착하면서 광주이씨 집성촌이 되었으며, 이 마을의 입향조 이유번(李惟蕃)의 네 아들을 중시조로 각각 소문중으로 나눠져 그 후손들이 살고 있다.

　　강골마을 중심부에 자리 잡고 있는 이금재 가옥(李錦載 家屋), 이용욱 가옥(李容郁 家屋), 이식래 가옥(李湜來 家屋), 열화정(悅話亭) 등 중요민속문화재로 지정된 4곳을 포함해 19세기 이후 지어진 30여 채 집들은 담쟁이덩굴과 대나무로 뒤덮인 돌담길로 이어지면서 전형적인 우리 옛 마을의 정취를 고스란히 간직하고 있다.

먼저 보성 이금재 가옥(寶城 李錦載 家屋, 중요민속문화재 제157호, 전남 보성군 득량면 강골길 36-5)을 찾아간다. 탱자나무 울타리 골목을 따라 대문간을 들어서면 넓은 안마당을 사이에 두고 남향으로 앉은 안채, 서쪽으로 작은 곳간채, 남쪽으로 큰 곳간채가 있다. 1900년 전후에 지어진 안채는 정면에서 보면 '一'자형으로 보이지만 'ㄴ'자형으로 날개가 뒤로 돌출되어 있다. 왼쪽부터 부엌·큰방·대청 2칸과 끝에 작은방이 있다. 앞쪽에는 모두 툇마루를 깔았으나 부엌 앞은 토광을, 동남쪽에는 책광을 만들었다. 대청과 마루 사이에는 문이 있으며, 작은방의 위·아랫방 사이에도 문이 있다. 작은방은 일종의 사랑방 또는 선비의 공부방으로 사용했다. 안채의 맞은편에 위치한 5칸 규모의 큰 곳간채는 '一'자형으로 안마당보다 낮은 곳에 야트막하게 지어서 안채의 좋은 전망을 방해하지 않도록 고려했

보성 이금재 가옥 안채 전경

보성 이용욱 가옥 전경

다. 서쪽칸은 토광이고, 나머지는 우물마루를 깔았다. 문간채는 가운데에 문을 두고 북쪽에 마구간을, 남쪽에는 문칸방을 설치했다.

마을 가장 중심부에 위치한 보성 이용욱 가옥(寶城 李容郁 家屋, 중요민속문화재 제159호, 전남 보성군 득량면 강골길 36-6)은 1835년 이용욱의 5대조인 이재 이진만(李齋 李鎭晚)이 지었다고 전해진다. 집 앞에 넓은 연지를 비롯해 솟을대문을 가진 문간채, 안채, 사랑채, 곳간채, 별당 등으로 구성된 마을에서 규모가 가장 큰 집이다. 대문을 들어서면 부농답게 넓은 사랑마당이 펼쳐져 있고, 왼쪽으로 중문간채와 오른쪽으로 사랑채가 맞대고 있다. 중문간채를 통해 안채로 들어서면 안마당 왼쪽 앞에는 곳간채를, 오른쪽에는 별당채를 배치했다. 안마당과 사랑마당은 중문간채를 통하지 않으면 출입하지 못하도록 나뉘어 있다. 대문간채는 5칸으로 중앙에 솟을대문이 있고 왼쪽과 오른쪽에 온돌방이 여러 개 있어 머슴이나 일꾼들이 사용하도록 하였다. 사랑채는 남도식 구성으로 왼쪽부터 부엌·사랑방·사랑윗방·대청의 순으로 배치하고, 부엌과 사랑윗방 뒤쪽에는 툇마루가 있고, 부엌 위쪽에는 '공루'라는 수장공간을 설치해 생활용품을 보관할 수 있게 했다. 사랑방부터 대청까지 앞쪽에 툇마루가 있다. 정면 5칸 '一'자형 안채는 전후좌우면에 퇴를 두른 규모가 매우 큰 건물로 부엌 옆에 큰방·대청·작은방이 있으며, 큰방부터 작은방 앞까지는 툇마루를 설치했다. 작은방은 옆쪽에 출입문을 달아서 또 다른 공간으로 꾸몄다. 안채 오른쪽 '蓮亭(연정)'이란 현판이 걸린 별당채는 방 1칸과 마루 1칸을 가가 두고 사방 툇마루를 둔 정자와 같은 건물이다. 안채 앞에는 곡물을 보관하기 위한 정면 4칸의 큼직한 곳간채가 자리 잡고 있다.

이용욱 가옥 담장 너머에는 '소리샘'이라 부르는 특이한 우물이 있다. 이 우물가 담장에 네모난 구멍이 뚫려 있어 담장 너머 집주인은 우물가에서 들리는 마을 소식을 귀담아 듣고, 마을 사람들은 부잣집을 가만히 엿볼 수도 있었을 터. 바로 마을 사람들의 소통의 공간이기도 했다.

보성 이식래 가옥(寶城 李湜來 家屋, 중요민속문화재 제160호, 전남 보성군 득량면 강골길 36–8)은 이용욱 가옥의 서쪽에 자리 잡고 있는 집으로 1891년에 지었다고 전해진다. 서쪽 담장을 따라 들어가면 조그만 초가대문 너머로 너른 안마당을 사이에 두고 울창한 대숲에 둘러싸인 사랑채, 안채, 곳간채가 있다. 특이

하게도 사람이 사는 살림채엔 초가를 얹고 곡식을 넣어두는 곳간채와 장독대의 문간에는 기와를 얹었다. '一'자형 초가집 안채는 왼쪽부터 앞쪽에는 작은방, 뒤쪽에는 뒷방이 있다. 옆에는 대청, 큰방이 있는데 방 뒤쪽 아래에는 아궁이, 위에는 다락을 두었다. 대청과 큰방 앞으로 툇마루가 있고, 오른쪽에는 후에 지은 방이 위·아래로 있다. 사랑채는 방을 가운데 두고 대청을 끝에 두는 남도식 가옥으로, 왼쪽부터 부엌·사랑아랫방·윗방·대청이 있다. 부엌 앞에는 부엌방이 있고, 대청은 개방되어 있다. 기와를 얹은 곳간채는 건물이 우람하고 커서 안채보다 더 오래된 것으로 보이는데 왼쪽 3칸은 곳간이고 오른쪽 1칸은 마루가 설치된 별도의 공간으로 되어 있다. 이 집은 특이하게도 안마당 한쪽에 장독대를 마련하고 문간에 기와를 올리고 별도의 담장을 쌓았다. 대문간은 초가지붕으로 근래에 바깥에 화장실을 덧붙여서 'ㄱ'자형이 되었다.

강골마을의 백미, 보성 열화정(寶城 悅話亭, 중요민속문화재 제162호, 전남 보성군 득량면 강골길 32-17)은 아름다운 분위기를 간직한 마을 뒤편 깊숙한 대숲 가운데 자리 잡고 있다. 주변은 푸른 대숲과 함께 다양한 나무가 함께 어울려 울창한 숲을 이루고, 이제 막 피기 시작한 동백꽃과 어우러진 아름다운 열화정의 모습은 한 폭의 그림 같다. 특별히 조경을 하지는 않았지만

보성 이식래 가옥

'ㄱ'자형 연지와 정자, 각종 수목 등 우리나라 전통정원의 모습을 잘 갖추고 있다. 이 정자는 1845년(헌종 11)에 이용욱 가옥을 건립한 이재 선생이 후진양성을 위해 지었으며 많은 석학과 학문을 논하기도 하고 훌륭한 의병열사를 배출하기도 했다. 열화정은 정면 4칸, 측면 2칸의 'ㄱ'자형으로 가로칸 가운데 2칸에 방이 아래·위로 있고, 세로칸은 누마루를 배치했다. 방 앞·뒤에도 누마루가 있으며, 아랫방 뒤는 골방이고 방 아래쪽에는 불을 지피기 위한 공간이 있다.

　할머니 집 같은 편안함이 묻어나는 강골마을. 꼬불꼬불 이어진 마을길을 따라 한가로이 걸으며 서걱서걱 바람에 흔들리는 대숲소리에 잠시 귀 기울여보기도 하고, 세월의 무게가 켜켜이 쌓여 그대로 시간이 멈춘 듯 한 모습에 마음을 빼앗기기도 한다. 몇 번의 방문이 이런 여유로움을 가져다주나 보다.

🏛 주변 고택

- **보성 문형식 가옥**(寶城 文瀅植 家屋) : 중요민속문화재 제156호, 전남 보성군 율어면 진천길 34-15
- **보성 이범재 가옥**(寶城 李範載 家屋) : 중요민속문화재 제150호, 전남 보성군 보성읍 예동길 40-8

📷 주변 명소

　전남 보성은 우리나라에서 차를 가장 많이 재배하는 지역으로 국내 최대 녹차 생산지답게 어디를 가든 녹차밭이 나타나 사람들의 눈길을 한 순간에 사로잡는다.

- **보성 녹차밭**(전남 보성군 보성읍 녹차로 일원) 《동국여지승람》과 《세종실록지리지》 등의 기록에서도 보성은 예로부터 차나무가 자생하고 있어 녹차를 만들어왔고, 지금도 문덕면 대원사, 벌교 징광사지 주변 등 군 전역에 야생 차나무가 자라고 있다. 이곳은 한반도 끝자락에 위치해 있어 바다와 가깝고, 기온이 온화하면서 습도와 온도가 차 재배에 아주 적당한 조건을 갖추고 있다. 이 일대에 인공 차밭이 들어서기 시작한 것은 1939년부터로, 1960년대에는 현재의 330ha보다 훨씬 넓은 600ha의 차밭이 조성되기도 했으나 이

보성 녹차밭

후 국내의 차산업이 부진해지면서 재배면적이 줄어들었다. 재배 농가 수는 200여 곳이며, 연간 4,830톤(마른 잎 966톤)이 생산된다.

• **태백산맥문학관**(전남 보성군 벌교읍 홍암로 89–19) 제석산 끝자락에 자리 잡은 태백산맥문학관은 2007년 소설《태백산맥》의 문학적 성과를 기리고 통일에 이바지하자는 취지로 보성군이 주도해서 세웠으며, 이곳에는 1983년 집필을 시작해 6년 만에 완간된《태백산맥》육필원고와 함께 719점의 자료들이 전시되어 있다. 문학관 옆에는 소설에 나온 현부자네 집과 신당에서 정참봉의 손자 정하섭과 무당 월녀의 딸 소화가 애틋한 사랑을 시작하는 길고도 아픈 이야기가 펼쳐지는 무당 소화의 집을 복원해 놓았다.

• **보성 벌교 홍교**(寶城 筏橋 虹橋, 보물 제304호, 전남 보성군 벌교읍 벌교천1길 75–1) 무지개 모양의 아치가 아름다운 보성 벌교 홍교는 1729년(영조 5)에 선암사의 한 스님이 돌다리를 만들었다고 전해지고 있으며, 지금까지 주민들이 사용하고 있다.

태백산맥문학관

벌교 홍교

삼척 굴피집과 너와집

화전민이 짓고 살았던 집

굴피집과 너와집은 주로 강원도 산간지역에서 화전민이 짓고 살던 집이다. 1970년대만 해도 여러 채가 있었지만 대부분 개조되거나 사라지고 문화재로 지정된 몇 채만이 남아 옛 모습을 간직하고 있다.

굴피는 8월경 적당히 자란 굴참나무나 떡갈나무의 껍질을 벗겨서 돌이나 나무로 눌러 평평하게 펴서 지붕 재료로 사용하게 된다. 굴피지붕의 수명은 약 20년 정도이지만 2~3년에 한 번씩 교체를 해주고, 거꾸로 뒤집어 다시 사용한다. 너와는 소나무나 전나무를 통으로 40~60㎝ 정도로 잘라 이것을 도끼로 4~5㎝ 두께로 쪼갠 널빤지를 말한다. 굴피나 너와로 지붕을 올리고 용마루는 굴피로 이었다. 지붕 위는 작은 삼각형모양 구멍을 내어(까치구멍) 집 안의 연기를 밖으로 뿜게 만들어 놓았다. 마루에 누우면 지붕의 벌어진 틈새로 하늘이 보여 비나 눈이 오면 물이 샐 것 같고, 그 사이로 바람이 들어와 추울 것 같아 허술해 보이는 집이라 생각할지 모른다. 하지만 지붕 틈새가 벌어져 있다가도 습기를 머금게 되면 바로 부풀어 물 한 방울 새지 않는 지붕이 되고, 겨울에 눈

이 덮이면 그 무게에 눌려 틈이 사라지게 된다.

깊은 산속에 있는 너와집이나 굴피집은 추위나 맹수로부터 사람과 가축을 보호해야 한다. 그래서 집 안에 필요한 방·마루·부엌·도장방(창고)·봉당(부엌 바닥)·외양간 등 모든 것이 들어와 있다. 또한 너와집이나 굴피집 안에는 요즘은 보기 드문 시설들이 있다. 부뚜막 옆에 진흙으로 작은 아궁이를 만들어 불씨를 보관하던 화티, 온돌방의 외벽 구석이나 방바닥으로부터 30cm쯤 높이에 진흙으로 아궁이처럼 만들어 방 안의 난방과 조명 역할을 하던 한국식 벽난로인 코클, 싸리나무로 항아리처럼 만들어 식물을 저장하던 채독, 통나무 속을 파내 만든 김치통 등이 있다. 그리고 주변에 곡식을 찧는 물레방아와 통방아가 있다. 삼척 대이리 통방아(三陟 大耳里 통방아, 중요민속문화재 제222호, 강원 삼척시 신기면 대이리 산105)는 직경 약 5m, 총길이 4.4m의 곡식을 찧는 방아이다. 6평 남짓한 평면에 원추형으로 서까래를 세워 그 위에 참나무껍질인 굴피로 지붕을 이었다.

먼저 삼척 신리소재 너와집 및 민속유물(三陟 新里所在 너와집 및 民俗遺物, 중요민

삼척 신리 너와집 내부　　　　　삼척 신리 너와집 내부와 화티　　　　삼척 신리 너와집 화장실

속문화재 제33호, 강원 삼척시 도계읍 문의재로 1223-9)을 찾아간다. 삼척 신리 계곡을 따라 비탈진 곳, 도로변에 자리 잡은 김진호 씨 집은 서향으로 자리 잡고 있다. 정면 3칸, 측면 3칸의 정방형의 'ㅁ'자 집으로 다른 집에 비해 규모도 크고, 너와집의 특징을 잘 간직하고 있다. 지붕에 까치구멍을 뚫었고 앞면 왼쪽에 외양간, 오른쪽에 부엌을 놓았다. 대문간을 들어서면 안쪽 트인 공간 중심에 마루가 있는데 마루 왼쪽이 사랑방, 오른쪽 부엌과 접해 있는 곳에 안방을 배치하였다. 화장실은 외양간 외벽에 설치했다.

　강봉문 씨 집 역시 비탈진 경사면에 석축을 쌓아 터를 잡고 남서향으로 앉혔다. 정면 3칸, 측면 3칸의 'ㅁ'자형 집이지만 외양간을 앞쪽으로 돌출되게 지었으며, 집 오른쪽에 헛간과 디딜방앗간채를 두었다. 지붕에 까치구멍을 내어 집 안의 연기를 밖으로 뽑게 만들었다. 앞면 가운데 대문간이 있고 대문간 왼쪽에 외양간, 오른쪽에 부엌이 있다. 안쪽에는 오른쪽과 왼쪽에 각각 사랑방과 안방을 두었다.

    삼척 대이리 너와집(三陟 大耳里 너와집, 중요민속문화재 제221호, 강원 삼척시 신기면 환선로 868-2)은 동서로 길게 뻗은 계곡의 서측 산등성이 아래에 자리 잡은 너와 집으로, 현 소유주의 11대조가 병자호란(1636년) 때 이곳으로 피난 와서 지은 것이라 한다. 동남향한 너와집의 왼쪽에 굴피로 지붕을 이은 곳간채가 있고 남쪽에 화장실이 있다. 지붕의 양측 합각부에는 까치구멍을 두었다. 정면 3칸, 측면 2칸의 본채 대문을 들어서면 가운데 마루를 중심으로 안방, 도장, 사랑방, 부엌, 봉당이 구성되어있고, 마루는 주 출입구 우측에서 앞으로 1칸을 내달아 꺾은 'ㄱ'자의 형태를 만들고 있다. 도장방은 곡식과 중요 물건을 보관하는 곳으로서 채광을 위한 봉창이 있고 외부와 직접 연결되는 출입은 없다. 마루와 부엌 앞쪽에는 부엌과 연결하여 실내 작업 공간으로 사용하는 봉당이 있고, 대문간 왼쪽으로 외양간채를 붙여 돌출시켰다. 외양간의 위는 다락을 꾸몄다. 부엌문을 열고 나가면 안마당이 있다. 벽은 흙벽이나 남쪽 벽은 판자벽으로 되어 있다.

삼척 대이리 굴피집(三陟 大耳里 굴피집, 중요민속문화재 제223호, 강원 삼척시 신기면 환선로 864-2)은 동서로 길게 뻗은 계곡의 냇가 북쪽에 자리 잡고 있다. 언제 지었는지 정확하게 알지는 못하나 19세기에 지어진 것으로 추정한다. 정면 3칸, 측면 2칸의 본채는 사랑방과 안방 가운데에 마루와 도장방을 두고, 안방쪽에 부엌을 두었다. 부엌과 마루 앞은 흙바닥으로 된 통로 같은 공간이 있고, 사랑채 건너편에 외양간을 붙여 돌출시켰고, 도장방에 뒷문을 달았다. 벽은 흙벽과 판자벽으로 마감하였고, 연기는 지붕에 설치한 까치구멍으로 나가도록 하였다.

신리 너와체험마을

　　너와집과 굴피집은 주변에서 쉽게 구할 수 있는 재료를 이용해 산간
지역의 혹독한 자연조건을 극복하며 생활하던 우리 조상들의 삶의 지
혜라고 할 수 있다. 하지만 벌목이 금지되어 재료를 구하기가 힘들어졌
고, 편리한 생활을 찾아 외지로 떠나는 사람들이 늘면서 너와나 굴피를
뜨는 기술자를 구하기가 점점 어려워졌다. 그리고 너와집과 굴피집의
불편함에서 탈피해 대부분의 집들의 지붕과 내부를 편리하게 개량하고
수리를 했다. 이제는 문화재로 지정된 너와집, 굴피집 만이 그 명맥을
유지해나가고 있다. 점점 편리함을 추구하는 현대를 살면서도 문화유산
원형보존이라는 사명감과 문화재보호법의 굴레 속에서 살아가고 있는
그들의 삶. 이젠 그 해법을 찾아야할 때가 아닌가 싶다.

📷 주변 명소

삼척(三陟)은 태백산맥 동쪽 해안선을 따라 남으로 길게 뻗어있는 고지대 산간지역으로 지형적인 특성상 전국에서 가장 많은 석회동굴을 보유하고 있다. 뿐만 아니라 동해안으로 흘러내리는 계곡과 하천, 해안선을 따라 자리 잡은 많은 항포구와 해수욕장 등 아름다운 자연경관을 자랑하고 있다.

• **삼척 죽서루**(三陟 竹西樓, 보물 제213호, 강원 삼척시 죽서루길 44) 삼척 죽서루는 맑은 물이 유유히 흐르는 오십천의 깎아지른 듯한 절벽 위에 고고하게 서 있다. 1266년(원종 7) 동안거사 이승휴(動安居士 李承休, 1224~1300)가 올라 시를 지었다는 것을 근거로 1266년 이전에 창건된 것으로 추정하며, 조선 시대 1403년(태종 3) 삼척부사 김효손(金孝孫)이 옛 터에 새로 지은 이후 10여 차례의 중수를 거쳐 오늘날에 이른다.

• **삼척 영은사**(三陟 靈隱寺, 강원도 삼척시 근덕면 궁촌길 1162)

891년(진성여왕 5)에 범일국사(梵日國師)가 궁방산 아래 마전평에 창건한 궁방사(宮房寺)를 영은사(靈隱寺)의 최초 창건이라 보고 있다. 그후 조선 시대 숭유억불정책으로 폐사하였다가 1567년(명종 22)에 사명대사(四溟大師)가 궁방사와 다소 거리가 있는 현 위치에 절을 옮

삼척 죽서루

겨지어 운망사(雲望寺)라 하였다가 임진왜란으로 전소되자, 1641년(인조 19) 벽봉(碧峰) 스님이 중건하고 영은사로 이름을 바꾸었다.

• **바다열차** 강릉, 동해, 삼척을 잇는 바다열차는 58km의 아름다운 동해안 해안선을 달린다. 전 좌석을 측면방향으로 배치하고 창문도 일반 열차보다 크게 만들어 동해의 넘실거리는 파도와 드넓은 백사장, 해안선을 한 눈에 감상하며 아름다운 추억을 만들 수 있다. 2007년 7월 본격적인 운행을 시작한 바다열차는 강원도 강릉역을 출발하여 첫 정차 지역인 정동진역을 들른 후 망상역, 묵호역, 동해역, 추암역, 삼척해변역을 지나 종착역인 삼척역에 도착한다. 소요시간은 1시간 20여분 정도이다.

삼척 영은사

바다열차

성주 한개마을

사도세자를 향한 굳은
절의가 담겨

성주 한개마을(星州 한개마을, 중요민속문화재 제255호, 경북 성주군 월항
면 대산리)은 560년 성산이씨(星山李氏)가 모여 사는 전통 깊은 씨족마을이다.
한개마을은 영취산(靈鷲山)이 마을을 감싸며 좌청룡, 우백호로 뻗어 있고,
앞쪽으로는 이천(伊川)과 백천(白川)이 합쳐 흐르는 영남 제일의 길지이다.
한개마을의 '한개'는 '큰 나루'라는 뜻으로 옛날에는 낙동강 물길을 따라
나룻배가 이 마을 앞까지 오르내렸다고 한다.

한개마을은 1450년 경 조선 세종 때 진주목사를 지낸 이우(李友)가 처
음 자리를 잡고, 그의 6대손 월봉 이정현(月峰 李廷賢, 1587~1612)이 정착하면
서 집성촌을 이루며 대대로 살아오고 있다. 내력 깊은 이 마을에서는
사도세자의 호위무사를 지낸 돈재 이석문(遯齋 李碩文, 1713~1773), 돈재공의
증손으로 고종 때 공조판서를 지낸 응와 이원조(凝窩 李源祚, 1792~1871), 후기
성리학자 한주 이진상(寒洲 李震相, 1818~1885) 등 이름난 선비와 학자들도 많
이 배출했다.

이 마을은 경사진 지형을 따라 크게 두 갈래길을 중심으로 집들이 배치되어 있다. 마을 입구에 위치한 성주 대산리 진사댁(星州 大山里 進士宅, 경북 민속문화재 제124호, 경북 성주군 월항면 한개2길 20)을 지나면 구불구불 흙돌담으로 이어지는 고샅길을 따라 오른쪽은 성주 대산리 하회댁(星州 大山里 河回宅, 경북민속문화재 제176호, 경북 성주군 월항면 한개2길 37), 대산동 한주 종택(大山洞 寒洲 宗宅, 경북민속문화재 제45호, 경북 성주군 월항면 한개2길 43)이 자리 잡고 있다. 왼쪽 마을길을 따라 올라가면 경사진 언덕 위에 대산동 교리댁(大山洞 校理宅, 경북민속문화재 제43호, 경북 성주군 월항면 한개2길 23-12), 성주 응와 종택(星州 凝窩 宗宅, 경북민속문화재 제44호, 경북 성주군 월항면 한개2길 23-16)이 차례로 있고, 맨 위에 대산동 월곡댁(大山洞 月谷宅, 경북민속문화재 제46호, 경북 성주군 월항면 한개2길 23-20)이 자리하고 있다. 이밖에도 월봉정(月峰亭), 첨경재(瞻敬齋) 등 재실이 5동 남아있다. 한개마을 대부분의 건축물은 18세기 후반에서 19세기 초반에 걸쳐 건립되었으나, 전체적인 마을 구성이 풍수에 따른 전통적인 모습을 보여주고 있을 뿐만 아니라 상류주택과 서민주택의 배치 및 평면도 지역적인 특성을 잘 나타내고 있다. 또한 집집마다 안채와 사랑채, 부속채 등이 대지의 지형에 따라 적절히 배치되어 있다.

마을 서쪽으로 난 안길을 따라 올라가면 언덕 위에 당당한 모습으로 서 있는 성주 응와 종택을 만나게 된다. 이곳은 '북비공'으로 더 잘 알려진 돈재 이석문(遯齋 李碩文, 1713~1773)이 1774년(영조 50)에 북쪽으로 사립문을

내고 평생을 은거하며 살았던 곳이다. 돈재공은 1739년(영조 15)에 무과에 급제한 후 선전관, 훈련원주부 등의 벼슬을 지냈다. 특히 당시 사도세자의 호위무사로 있던 돈재공은 1762년 영조가 세자를 뒤주에 가두자 세손을 등에 업고 어전으로 들어가 부당함을 간하다가 파직되어 낙향해 사도세자를 향한 사모의 정과 안녕을 기원하며 대문을 북쪽으로 내고 매일같이 북쪽을 향해 예를 갖췄다. 훗날 영조가 벼슬을 내렸지만 나가지 않았으며, 사후에 병조참판에 추증되었다.

솟을대문을 들어서면 사랑채가 보이고, 오른쪽에 '北扉(북비)'라고 적힌 일각문이 있다. 북비문을 들어서면 꼿꼿한 선비정신이 느껴지는 북비 고택이 있다. 정면 4칸 규모의 'ㅡ'자형 북비 고택은 담 너머 응와 종택에 비하면 다소 소박하게 보이지만 사도세자를 향한 돈재공의 굳은 절

의가 담겨져 있다.

응와 종택은 돈재공의 손자 이규진(李奎鎭)이 1821년(순조 21)에 정침을 중건하고, 공조판서를 지낸 그의 아들 응와 이원조(凝窩 李源祚, 1792~1871)가 고종 3년(1866)에 기존 건물을 다시 지어 오늘에 이르고 있다. 중후한 멋이 느껴지는 'ㄱ'자형 사랑채는 오른쪽부터 대청과 사랑방을, 왼쪽으로 누마루를 두었다. 특히 부채살 모양의 선자연이 그대로 드러난 대청과 각 실마다 집 주인의 멋과 품격, 철학이 담긴 '警枕(경침)' '四美堂(사미당)' 등의 편액을 걸어 놓아 보는 이로 하여금 눈길을 머물게 한다. 사랑마당을 지나 안채 영역으로 들어가면 넓은 안마당을 중심으로 6칸 규모의 'ㅡ'자형 안채와 곳간채가 자리 잡고 있다. 대청을 중심으로 오른쪽에는 안방과 부엌을 배치하고, 왼쪽에는 건넌방을 두었다. 솟을대문은 대문을 중심으로 곳간과 방을 1칸씩 좌우에 배치하고, 대문 좌측에는 하인이나

청지기가 출입하는 협문을 별도로 두었다. 그밖에도 장판각과 안대문
채, 아래채, 마방 등이 있었지만 현재 남아 있지 않다.

  아름다운 정자가 있는 집, '동곽댁'이라고도 불리는 대산동 한주 종택
으로 오른다. 마을 오른쪽 가장 위에 있다. 이 마을에서 고택 원형이 가
장 잘 남아있는 집으로, 1767년(영조 43) 이민검(李敏儉)이 처음 지었고, 1866
년(고종 3)에 한주 이진상이 고쳐지었다. 안채와 사랑채가 있는 일곽(一郭)과
'한주정사(寒洲精舍)'라 불리는 정자가 있는 일곽으로 나뉘어 있다. 경사진
지형 탓으로 높은 기단 위에 자리한 안채는 정면 6칸 반, 측면 1칸 반
규모의 '一'자형 건물로 대청을 중심으로 오른쪽에 부엌을, 왼쪽에 방을
두었다. 안채 왼쪽에는 3칸 규모의 곳간채가, 오른쪽에는 3칸 규모의
아래채가 있고, 안채 정면으로는 사랑채와 연결된 7칸 규모의 중대문채

를 배치했다. 2단의 높은 기단 위에 자리 잡은 정면 4칸 반 규모의 '一'자형 사랑채는 오른쪽부터 대청, 작은사랑방, 큰사랑방을 배치했다. 방 뒤쪽에 골방을 두어 다양하게 사용할 수 있는 공간을 만들었고, 전면은 툇마루로 연결했다. 평대문을 단 3칸 대문채는 대문을 중심으로 한쪽은 청지기방을, 다른 한쪽은 광을 두었다. 한주정사는 정면 4칸, 측면 3칸 반 규모의 'T'자형 정자로, 노송과 어우러진 모습이 한 폭의 동양화를 펼쳐놓은 것 같다. 중앙에 대청을 두고 양쪽으로 방을 배치했는데 오른쪽 방은 뒤로 1칸 반을 달아내고 앞쪽으로 누마루를 1칸 돌출시켰다. 정자 오른쪽에 연못을 만들어 산에서 내려오는 물이 이곳을 거쳐서 나가도록 했다.

세월의 무게가 느껴지는 돌담으로 이어진 고샅길을 따라 걷다보면 시간여행을 하고 있는 듯 착각이 들기도 한다. 잠시 멈춰 열려있는 대문 사이를 기웃거려보기도 하고, 반갑게 눈인사를 건네주는 어른이라도 계시면 툇마루에 걸터앉아 선조들에 얽힌 재미난 이야기를 들어보는 행운도 생긴다. 도시에서는 느낄 수 없는 정겨운 풍경과 푸근한 인심이 살아있는 전통마을로의 여행을 계획하고 있다면 이곳으로.

🏯 주변 고택

• **성주 사우당**(星州 四友堂) : 경북문화재자료 제561호, 수륜면 수륜길 54-4

• **성주 수성리 중매댁**(星州 水成里 中梅宅) : 경북민속문화재 제86호, 경북 성주
　군 수륜면 한강길 29

📷 주변 명소

　경북 성주는 유구한 문화 역사와 낙동강, 가야산이 어우러진 천혜의
자연 환경을 간직 한 고장으로, 1940년부터 재배하기 시작한 성주 참외
는 지금은 전국 최대 생산 및 최고의 품질을 자랑하고 있다.

• **성주 세종대왕자 태실**(星州 世宗大王子 胎室, 사적 제444호, 성주군 월항면 인촌리 산8) 성주 세
　종대왕자 태실은 전국 최대 태실유적지로, 세종대왕의 적서 18왕자 중
　장자 문종(文宗)을 제외한 17왕자 태실 18기를 모셔놓은 곳이다. (단종의 태
실은 세자 책봉 후 성주 법림산에 새로 조성) 경북 성주군 월
항면 선석산 아래 태봉(胎峰) 정상에 자리 잡은
태실은 왕자들의 태를 모시고 있는데 태실비
가 앞줄에 11기, 뒷줄에 8기 놓여 있다. 세종은
1438년부터 4년간 이 태실을 조성했다.

성주 세종대왕자태실

• **성주 선석사**(星州 禪石寺, 성주군 월항면 세종대왕자태실로 616-33) 성주 선석산 자락에 아담하게 자리 잡은 선석사는 통일신라 692년(효소왕 1) 의상대사가 지금의 자리보다 서쪽에 '신광사'라는 절을 세웠다. 그 뒤 1361년(공민왕 10) 나옹대사가 지금 있는 자리로 옮기고, 당시 새로운 절터에서 큰 바위가 나왔다 하여 터를 닦는다는 뜻을 가진 '선(禪)'자를 넣어 선석사라 했다. 성주 선석사 영산회 괘불탱(星州 禪石寺 靈山會 掛佛幀, 보물 제1608호)을 비롯해 대웅전(大雄殿, 경북 유형문화재 제474호)을 비롯하여 명부전, 칠성각, 산왕각 등이 남아있다.

• **성주 경산리 성밖숲**(星州 京山里 城밖숲, 천연기념물 제403호, 경북 성주군 성주읍 경산리 446-1 등) 성주 경산리 성밖숲은 낙동강의 지류인 이천이 흐르는 성주읍성 서문 밖에 조성한 숲으로 300~500년생 왕버들 57그루가 자라고 있다. 이 숲은 조선 중기 서문 밖의 어린 아이들이 이유 없이 죽고 여러 가지 나쁜 일들이 이어지자 이를 방지하기 위해 조성하였다고 한다.

성주 선석사

성주 성밖숲

순천 낙안읍성

(順天 樂安邑城)

시간이 멈춘 곳

<u>전라남도 순천시</u> 낙안면 금전산(金錢山)을 뒤로 주위에
는 야트막한 산들이 감싸 안고 있어 평온함이 느껴지는 벌판에 수백 년
세월이 흘렀음에도 시간이 멈춰버린 듯 옛 모습을 그대로 간직한 아름
다운 마을이 있다. 바로 순천 낙안읍성(順天 樂安邑城, 사적 제302호, 전남 순천시 낙안면
남대리)이 그곳이다. 풍요로운 땅에서 만백성이 평안하다는 뜻을 담고 있
는 '낙안'은 한양을 모델로 만든 조선 시대 지방계획도시다. 하지만 이
곳은 예로부터 왜구의 침입이 잦아 고려 후기에는 주민들을 보호하기
위해 읍성을 쌓았다. 《세종실록(世宗實錄)》에 의하면 1397년(태조 6) 김빈길(金
斌吉, 미상~1405)이 백성을 동원해 토성을 쌓은 것이 낙안읍성의 전신이 되
어 1424년부터 여러 해에 걸쳐 돌로 다시 성을 쌓아 규모를 넓혔다고
한다. 읍성의 전체 모습은 4각형으로 길이는 1,410m로 동·서·남쪽에
는 성안의 큰 도로와 연결되어 있는 문이 있고, 적의 공격을 효과적으
로 막기 위해 성의 일부분이 성 밖으로 튀어나와 있다. 낙안읍성은 현
존하는 읍성 가운데 보존 상태가 좋은 것들 중 하나이며, 조선 전기의
양식을 그대로 간직하고 있다.

낙안읍성으로 들어가는 길은 세 곳, 동문, 서문, 남문이 있다. 청·
흑·백색의 깃발이 나부끼는 동문 앞에 선다. 동문 입구에는 수백 년
동안 변함없이 꿋꿋하게 그곳을 지키며 마을에 나쁜 기운이 들어오는
것을 막아주는 개(犬)조각상이 세월의 흔적을 그대로 드러낸 채 서 있다.
낙안읍성은 동문과 서문을 연결하는 대로를 중심으로 북쪽은 동헌(東軒),
객사(客舍), 향교 등 관아건물이 있고, 남쪽은 초가집, 대장간, 장터 등 서
민들의 삶의 터전이 구불구불한 돌담길을 따라 이어져 있다. 초가집을
에두른 나지막한 돌담길을 따라 걷다보면 마을 아낙들이 모여 이야기
꽃을 피웠을 우물 '똘샘'도 만나게 되고, 선조들의 생활문화가 고스란히
담겨있는 정겨운 툇마루와 부엌, 토방 등 어느 하나 그냥 지나치기가

아쉽다. 낙안읍성에는 성곽을 비롯해 중요민속문화재 가옥 9동 등 13점의 문화재를 보유하고 있으며 300여년을 훌쩍 넘은 노거수들이 옛 모습을 지켜내고 있다. 그리고 과거의 모습으로 현재를 살아가는 290여동의 초가집에 120세대 288명의 주민이 직접 거주하며 농사도 짓고, 방문객을 대상으로 다양한 전통문화체험을 하고 있다.

낙안읍성의 가장 중앙 상단에 자리하고 있는 낙안객사(樂安客舍, 전남 유형문화재 제170호, 순천시 낙안면 동내리 401)는 새로 고을 수령이 부임하거나 초하루와

똘샘 우물

보름, 고을에 좋은 일이나 궂을 일이 있을 때에 임금을 상징하는 전패(殿牌)를 모셔 예를 올리던 곳으로 사신의 숙소로도 사용했다. 정면 7칸, 측면 3칸의 객사는 중앙마루에 전패를 두고 좌우에 각각 한 단 낮은 지붕의 익사(翼舍)를 배치해 놓았다.

낙안성 박의준 가옥(樂安城 朴義俊 家屋, 중요민속문화재 제92호, 순천시 낙안면 충민길 33-1)은 19세기 중엽에 건립된 향리가 살던 집으로 성 안의 다른 집들보다 대지도 넓고 가장 멋을 부린 집이다. 대문을 들어서면 마당을 중심으로 오른쪽에 안채가, 맞은편에 아래채가 'ㄱ'자형으로 배치되어 있고 헛간채는 대문 옆에 붙어있다. 비교적 남도지방의 원형을 보존하고 있는 4칸의 안채는 왼쪽부터 부엌, 안방, 안마루, 건넌방으로 배열되어 있고, 방과 마루 앞으로 작은 툇마루가 있어 이동이 편리하다.

낙안성 김대자 가옥
(樂安城 金大子 家屋, 중요민속문
화재 제95호, 순천시 낙안면 충민
길 90)은 성의 동서를 잇
는 대로변에 자리 잡고
있다. 19세기 초에 건
립된 것으로 추정되는
이 집을 들어서면 반듯
하고 넓은 안마당 뒤로
'一'자형 안채가 있고,
대문 바로 옆에 헛간채

낙안성 김대자 가옥 부엌

가 붙어있다. 중앙에 마루를 두고 왼쪽에 안방과 부엌, 오른쪽에 건넌
방이 배열되어 있고, 작은방 앞에는 'ㄱ'자형으로 토담을 쌓아 편리하게
반내부 공간으로 사용할 수 있는 헛간을 두었다. 특히 이 가옥의 부엌
에는 가택신앙으로 조왕신을 모시던 자리와 광솔불을 켜던 선반이 남아
있어 우리 선조의 생활상을 엿볼 수도 있다.

낙안성 곽형두 가옥(樂安城 郭炯과 家屋, 중요민속문화재 제100호, 순천시 낙안면 읍성안길 95)
은 향리가 살던 집으로 성안에서 가장 단아하고 건실하며 정원도 비교
적 잘 꾸며 놓았다. 이 가옥의 앞에는 남쪽 성벽이 연접해 있어 성벽을
한 쪽 담으로 삼고 나머지 세 면을 돌담으로 돌아가며 쌓았다. 대문을
들어서면 넓은 안마당 옆으로 안채를, 대문과 마주한 곳에 헛간채를 배

치했다. 다른 집에 비해 다소 높은 막돌기단 위에 지은 4칸의 '一'자형 안채는 왼쪽부터 부엌, 안방, 마루방, 건넌방을 배열했다. 건물 앞쪽으로는 툇마루가 설치되어 있는데 건넌방 오른쪽까지 툇마루를 놓았고, 안방과 마루방 뒤쪽으로는 퇴칸을 마루를 깔지 않은 흙바닥으로 두고 보관장소로 활용했다. 헛간채는 돌담과 연결된 담집이다.

이밖에도 중요민속문화재로 지정된 가옥은 낙안성 양규철 가옥(樂安城 梁圭喆 家屋, 중요민속문화재 제93호, 순천시 낙안면 충민길 21), 낙안성 이한호 가옥(樂安城 李漢皓 家屋, 중요민속문화재 제94호, 순천시 낙안면 읍성안길 145), 낙안성 주두열 가옥(樂安城 朱斗烈 家屋, 중요민속문화재 제96호, 순천시 낙안면 충민길 90), 낙안성 최창우 가옥(樂安城 崔昌羽 家屋, 중요민속문화재 제97호, 순천시 낙안면 충민길 13), 낙안성 최선준 가옥(樂安城 崔善準 家屋, 중요민속문화재 제98호, 순천시 낙안면 동내리 343-1), 낙안성 김소아 가옥(樂安城 金小兒 家屋, 중요민속문화재 제99호, 순천시 낙안면 충민길 104) 등이 있다.

　구불구불 돌담길을 따라 마을을 다 돌아봤다면 성곽길도 한 번 걸어 봐야 한다. 서문에서 남문으로 이어지는 성곽길, 마을이 한 눈에 내려다 보인다. 마을길을 걷느라 지친 방문객의 피곤함을 한꺼번에 싹 날려주는 시원한 바람도 선사한다.

　현재 세월이 비껴간 듯 옛 모습을 그대로 간직한 낙안읍성에서는 선조의 생활문화를 보고 느끼고 함께 체험할 수 있는 짚풀공예, 길쌈시연, 천연염색, 한지공예, 농악놀이교실, 농기구체험, 목공예체험, 옥사체험, 도자기체험 등 다양한 전통문화체험 공간이 있다. 만약 시간이 허락된다면 숙박체험도 할 수 있다. 400년 전 그 시간 속으로 돌아가 봐도 좋을 듯싶다.

📷 주변 명소

• **순천만**(명승 제41호, 전라남도 순천시 순천만길 513-25) 고흥반도와 여수반도 사이 깊숙이 들어간 순천만(명승 제41호)은 국제습지조약인 람사르협약에 등록된 세계 5대 연안습지 중 하나로 갯벌 26㎢와 갈대 군락지 5.6㎢에 120여 종이 넘는 염생식물이 사는 하늘이 내린 정원이다. 한여름에는 갯벌에서 뻘배를 타고 짱뚱어를 낚는 어부들의 모습도 볼 수 있고, 겨울이면 2백여 종의 철새가 군무를 춘다. 자연생태관과 갈대밭 사이의 데크 탐방로, 용산전망대 등 편의 시설도 잘 정비되어 있다. 또한 순천만의 동쪽 끝머리 따뜻하게 누워 있는 바다, 와온해변은 '솔섬'이라 불리는 작은 무인도와 어우러진 일몰의 장관이 아름답기로 유명하다.

순천만

• **순천 송광사**(順天 松廣寺, 사적 제506호, 전남 순천시 송광면 송광사안길 100) 조계산 서쪽 기슭 넓은 평지에 아늑하게 자리 잡은 순천 송광사는 조계종의 발상지로 신라 말기 혜린선사(慧璘禪師)가 창건한 이래 보조국사 지눌을 비롯해 16

명의 국사를 배출한 역사 깊은 사찰로 법보사찰 해인사, 불보사찰 통도사와 함께 우리나라 삼보사찰의 하나인 승보사찰이다. 경내에는 송광사 국사전(松廣寺 國師殿, 국보 제56호), 설법전, 응진전을 비롯해 국보 3점, 보물 12점 등 다수의 중요 사찰문화재를 간직하고 있으며 국사의 부도를 모신 암자가 있다.

- **순천 선암사**(順天 仙巖寺, 사적 제507호, 전남 순천시 승주읍 선암사길 450) 조계산 동쪽에 자리하고 있는 순천 선암사는 527년(성왕 5)에 아도화상(阿度和尙)이 창건한 이래 861년(경왕 1)에 도선국사(道詵國師)가 현 위치에 중창을 했으며, 1092년(선종 9) 대각 의천(大覺 義天)에 이르러 천태종 전파의 중심사찰이 되었다. 무지개 돌다리 승선교(昇仙橋, 보물 제400호), 대웅전(보물 제1131호), 선암사 삼층석탑(보물 제395호) 등 보물 14점을 비롯해 다수의 중요문화재가 있다.

순천 송광사 삼청교

순천 선암사 대웅전

창평 삼지내마을

아시아 최초
슬로시티로 지정

창평 삼지내마을은 500년 전 모습을 그대로 간직하고 있는 전통마을이다. 이 마을은 월봉산과 국수봉이 봉황이 날개를 펼쳐 감싸안은 듯한 지형으로 월봉천(月峰川), 운암천(雲岩川), 유천(柳川)이 마을 아래에 모인다고 하여 '삼지내(천)마을'이라 부르게 되었다.

장흥고씨(長興高氏) 제봉 고경명(霽峰 高敬命, 1533~1592)의 작은아들 고인후(高因厚, 1561~1592)가 이곳에 터를 닦으면서 김씨, 이씨, 고씨가 마을을 형성하게 되었다. 현재 이 마을에는 담양 고재선 가옥(潭陽 高在宣 家屋, 전남민속문화재 제5호, 전남 담양군 창평면 돌담길 88-3), 담양 고재환 가옥(潭陽 高在煥 家屋, 전남민속문화재 제37호, 전남 담양군 창평면 돌담길 15-14), 창평 춘강 고정주 고택(昌平 春江 高鼎柱 古宅, 전남민속문화재 제42호, 전남 담양군 창평면 돌담길 15-35) 등 장흥고씨의 전통가옥이 남아 있다. 또한 3,600m에 달하는 구불구불한 담양 삼지천마을 옛 담장(潭陽 三支川마을 옛 담牆, 등록문화재 제265호)은 돌과 흙을 사용한 토석담이 눈길을 끈다. 비교적 모나지 않은 화강석 계통의 둥근 돌을 사용해 돌과 흙을 번갈아 쌓아 줄눈이 생긴 담장과 막쌓기 형식을 지닌 이 돌담길은 자연스럽게 굽어진 마을 안길을 따라 고즈넉한 분위기를 연출하며 고택들과 조화를 이루고 있다.

창평 춘강 고정주 고택을 찾아간다. 조국을 위해 모든 것을 버린 큰
스승 춘강 고정주(春崗 高鼎柱 1863~1933)는 아버지 고제두(高濟斗), 어머니 전주
이씨(全州李氏) 사이에서 태어났으나 5세 무렵 큰아버지 고제승(高濟升)의 양
자로 들어갔다. 1885년 진사시(進士試)에 합격한 후 승문원 부정자(承文院 副
正字)로 관직에 오른 춘강 선생은 홍문관 시독(弘文館 侍讀), 비서원랑선(秘書院
郞), 규장각 직각(奎章閣 直閣) 등을 역임했다. 하지만 1905년 을사늑약(乙巳條
約)이 맺어지자 모든 관직을 버리고 창평으로 낙향하였다. 창평으로 내
려온 선생은 어릴 적에 수학하던 상월정(上月亭)에 영어를 가르치는 영학
숙(英學塾)을 세우고 아들 고광준, 고하 송진우(古下 宋鎭禹)를 비롯해 인촌 김
성수(仁村 金性洙), 백관수, 현준호 등에게 신학문을 가르쳤다. 이곳에서 공

부한 학생들은 더 많은 공부를 하기위해 유학을 가거나 또 다른 뜻을 펼치기 위해 독립운동에 뛰어들었다. 춘강 선생은 영학숙을 현 창평초등학교의 전신인 창흥의숙(昌興義塾)으로 발전시켜 인재를 육성하는 것이 나라를 구하는 일이고, 백성을 계몽하는 것이 국력을 회복하는 것이라는 신념아래 신교육운동에 전념하였다.

고택은 멀리서도 한 눈에 띈다. 시간이 멈춰버린 듯 쓸쓸하게 그 자리를 지키고 서 있다. 솟을대문을 들어가면 안사랑채와 바깥사랑채가 나란히 위치하고 그 뒤로 안채와 곳간채, 사당 등을 갖추고 있는 부농형 양반집의 특징을 잘 보여준다. 또한 건물의 뼈대가 굵고 간살이도 넓으며 구조 형식도 우수하다.

1913년에 건립된 안채는 전라도에서 보기 드문 'ㄷ'자형의 남향 건물

로 낮은 두벌대 기단 위에 건립했다. 정면 6칸을 중심으로 좌측은 2칸의 익랑이 돌출되어 있고, 우측은 누마루가 돌출된 형식을 취하고 있다. 본채 전면에는 툇마루를 설치하고 좌측 익랑에는 쪽마루를 설치해 이동이 편리하도록 했다. '육효당'이라는 당호가 붙은 바깥사랑채는 4칸 규모로 전후면에 퇴가 있고, 전면과 한쪽 측면에 툇마루를 설치했다.

1925년에 건립된 담양 고재환 가옥은 넓고 잘 다듬어진 마을 안길을 가다 집으로 향하는 좁은 골목으로 들어서면 큼직한 곳간채가 나오는데, 맨 좌측 끝 1칸이 대문이다. 대문을 들어서면 벽돌 담장을 쌓아 대문에서 안채가 들여다 보이지 않게 했다. 넓은 안마당을 사이에 두고 안채, 사랑채, 삼칸채, 문간(곳간)채가 'ㅁ'자 형식으로 둘러싸여 있다.

안채는 정면 6칸, 측면 1칸, 전후좌우퇴의 규모로 동쪽으로부터 1칸

반의 부엌, 부엌 앞에 1칸의 부엌방, 2칸의 큰방, 그 뒤편에 2칸의 도장
방, 2칸의 대청, 1칸의 건넌방의 순으로 배치했다. 사랑채는 정면 5칸,
측면 1칸 전후퇴의 규모로 가장 왼쪽에 곳간, 두 번째 칸은 상하방형식
으로 나누어서 앞쪽은 부엌, 뒤쪽은 방으로 사용하고 있다. 별채 형식
을 가진 삼칸채는 정면 3칸, 측면 1칸으로 잔치나 행사가 있을 때 손님
을 접대하는 곳으로 쓰였다.

1933년에 건립된 것으로 추정하는 담양 고재선 가옥은 대문을 들어
서면 각종 수목과 방지로 구성된 사랑마당이 펼쳐져 있고, 중문에서 안
채로 출입할 때는 안채가 직접 노출되지 않도록 'ㄱ'자형으로 설계했다.

안마당 서쪽에는 안채와 직각으로 광채를 배치하고 안채 동북쪽에는 3 칸의 식료창고를 두었다. 안마당과 사랑마당은 내외담을 쌓아 공간을 구분했다.

안채는 '一'자형 정면 6칸 전후좌퇴(前後左退)건물로 전면에 툇마루를 설치하였다. 좌측으로부터 작은방, 대청 2칸이 있고 그 다음에 2칸 큰방이며, 뒤툇칸은 좌우 웃방으로 되어 있고 다음칸은 부엌을 배치했다. 사랑채도 '一'자형 4칸 겹집으로 전퇴(前退)를 두고 좌측과 후면은 툇마루를 설치했다. 좌측부터 상하로 각 1칸짜리 방이 있으며, 맨 끝칸은 대청을 배치하였다. 5칸의 큼직한 광채는 1칸은 마루를 깔고 나머지는 흙바닥이다.

창평 삼지내마을은 전통마을로서의 가치뿐만 아니라 슬로시티로도 주목을 받고 있다. 지난 2007년에는 '치타슬로(Cittaslow) 국제연맹'으로부터 완도, 장흥, 하동, 예산 등과 함께 아시아 최초 슬로시티로 지정되어 자연친화적이고 인간중심으로 살아가는 곳임을 인정받았다. 슬로푸드라 할 수 있는 전통 장류와 한과, 쌀엿 등 전통조리법을 잘 보존하고 있고, 고택과 돌담길 등 전통문화를 잘 보존하고 있었기 때문이다. 이곳에서는 명인의 손맛이 담긴 창평 명물 쌀엿과 한과·된장·장아찌 등 관광객의 입맛을 사로잡는 슬로푸드를 체험할 수 있다. 외지인들을 위해 장아찌와 쌀엿 등 슬로푸드 만들기, 한옥에서 전통 수제차 맛보기, 감을 이용한 천연 염색 등 전통 체험행사가 마을 곳곳에서 열리고, 주민들이 직접 재배한 농산물이나 특산품을 판매하는 '슬로시티 달팽이 시장'도 매월 두 번째 토요일마다 열린다. 바쁘게만 돌아가는 일상에서 잠시 벗어나 옛 정취가 고스란히 남아있는 돌담길을 따라 느릿느릿 시간여행 하기 좋은 곳이다.

📷 주변 명소

• **담양 소쇄원**(潭陽 瀟灑園, 명승 제40호, 전남 담양군 남면 소쇄원길 17) 담양 소쇄원은 자연과 인공을 조화시킨 조선 중기 대표적인 별서정원(別墅庭園)이다. 소쇄 양산보(瀟灑 梁山甫, 1503~1557)가 스승인 정암 조광조(靜庵 趙光祖, 1482~1519)가 기묘사화로 유배되자 세상을 등지고 고향으로 내려와 꾸민 정원이다. 원래 소쇄원은 약 4,000㎡의 면적에 제월당(霽月堂), 광풍각(光風閣), 애양단(愛陽壇), 대봉대(待鳳臺) 등을 비롯한 10여개의 건물과 대나무, 소나무, 느티나무, 단풍나무들로 이뤄진 숲이었다.

• **담양 관방제림**(官房堤林, 천연기념물 제366호, 전남 담양군 담양읍 객사리) 담양 관방제림은 1648년(인조 26) 당시의 부사 성이성(成以性)이 수해를 막기 위해 제방을 축조하고 나무를 심기 시작하였으며, 그 후 1854년(철종 5)에는 부사 황종림(黃鍾林)이 다시 이 제방을 축조하면서 그 위에 숲을 조성한 것이라고 전해진다. 1.8km 가량 이어지는 이 숲은 푸조나무, 느티나무, 팽나무, 음나무, 개서어나무, 곰의말채나무, 벗나무 및 은단풍 등 여러 가지 낙엽성 활엽수들로 이루어졌으며, 나무의 크기도 둘레가 1m 정도의 것부터 5.3m에 이르는 것까지 다양하다. 근처에 이국적인 풍경을 느끼게 하는 메타세콰이아 가로수길이 있다

• **담양 명옥헌 원림**(潭陽 鳴玉軒 苑林, 명승 제58호, 전남 담양군 고서면 후산길 103) 담양 명옥헌 원림은 1625년에 명곡 오희도(明谷 吳希道, 1583~1623)를 기리기 위해 그의 넷째 아들인 장계 오이정(藏溪 吳以井, 1619~1655)이 지었으며, 장계공 사후에는 후손에 의해 관리되었다. 명옥헌은 계곡 사이로 수량이 풍부했을 때 물이 흐르면 옥구슬이 부딪히는 소리가 난다고 하여 붙여진 이름이다.

담양 소쇄원   담양 관방제림   담양 명옥헌 원림

한국의 고택기행 2

초판 1 쇄 인쇄일 | 2015년 7월 20일
초판 1 쇄 발행일 | 2015년 7월 27일

지은이 | 이진경
펴낸이 | 하태복

펴낸곳   이가서
주소   경기도 고양시 일산서구 주엽동 81, 뉴서울프라자 2층 40호
전화 · 팩스   031-905-3593 · 031-905-3009
홈페이지   www.leegaseo.com
이메일   leegaseo1@naver.com
등록번호   제10-2539호

ISBN 978-89-5864-314-2 03900